| 吾 道 文 丛 |

方法与问题

赵汀阳

著

岳麓书社 · 长沙

图书在版编目（CIP）数据

方法与问题/赵汀阳著.—长沙:岳麓书社,2023.7
(吾道文丛/万俊人主编)
ISBN 978-7-5538-1820-7

Ⅰ.①方… Ⅱ.①赵… Ⅲ.①赵汀阳—自传 Ⅳ.①K825.1

中国国家版本馆 CIP 数据核字(2023)第 066443 号

FANGFA YU WENTI

方法与问题

作　　者:赵汀阳
丛书主编:万俊人
策划编辑:黄友爱
责任编辑:刘　文
责任校对:舒　舍
封面设计:赤　祥

岳麓书社出版发行
地址:湖南省长沙市爱民路 47 号
直销电话:0731-88804152　0731-88885616
邮编:410006

版次:2023 年 7 月第 1 版
印次:2023 年 7 月第 1 次印刷
开本:787mm×1092mm　1/32
印张:5.25　插页:4
字数:80 千字
书号:ISBN 978-7-5538-1820-7
定价:48.00 元

承印:湖南省众鑫印务有限公司

如有印装质量问题,请与本社印务部联系
电话:0731-88884129

作者在麻省理工的河边

作者在德国和瑞士交界小镇

李泽厚老师向作者说起他的情本体理论

作者与家乡学人陈少明教授

作者与经济学家 Jean-Paul Tchang 在《天下的当代性》法文版发布会，他是本书的译者

《天下的当代性》德文版讨论会（柏林自由大学）

作者与哲学家 Regis Debray，合著有 *Du Ciel ala Terre*

作者与历史学家 Francois Hartog 在会场外

目 录

第一章

方法与问题

应《哲学年鉴》之约，写一个自述。但我对自我记述或自我评价的真实性总有些怀疑论态度，要写一种自己不信任的文本几乎是一个悖论，总觉得会表达了对自己的错误认识，就借此机会来反思我想过的部分问题。

一、方法

最早是维特根斯坦的哲学提醒我关注方法。

在功能上，哲学被设定为对所有思想的反思。希腊对哲学的初始定位就是"元知识"（metaphysics），所谓"物理学之后"，当时物理学约等于对所有自然事物的知识。先秦思想对此也有相似的理解，所谓"形而上之道"，也是试图对"形而下之器"进行最终解释。反思的定位很清楚，但产生了一个严重问题：反思的方法在哪里？有反思的决心不等于就有了反思的方法。有目标却缺少达到目标的方法，有想法却没有办法，这个状况意味着哲学不成熟——这是困难，却不是缺点，人类思想需要保持一种留有余地的不成熟。从哲学史上看，理论总在推陈出新，但实质变化不大，万变不离其宗，这一点并不奇怪。人类的大多数基本问题始终没有太大变化，很久才产生个别真正的新问题。哲学的每次重大推进都在于方法论的变革，只有新方法才能发现新视野。

我通过维特根斯坦的哲学意识到方法的决定性作用。大约在 1983 年通过二手著作开始知道维特根斯坦哲学，1985 年之后读到他的许多原著，逐渐意识到方法是思想之本。我不是维特根斯坦专家而是维特根斯坦哲学的受益者，他有些飘忽不定的深刻见识，我不敢说真正理解，但从维特根斯坦的方法中我意识到方法的能量，一种方法能够开启一个原来视而不见的世界。在 1990 年后，我一度对方法的"磨刀"兴趣甚至超过对问题的"砍柴"兴趣。"磨刀"似乎难于"砍柴"，思考不少，想通的不多。

既然哲学是在"知识之后"的反思，哲学的产品就不是知识，据说是追求理解一切事情的"智慧"。听起来很厉害，然而也是绝人之路。"智慧"既然不是知识，就意味着不是任何问题的答案，似乎应该说，学习哲学就学不到任何知识。阿里斯托芬在喜剧《云》中描写一个父亲让儿子去找苏格拉底学习哲学，儿子问：学哲学能学到什么？好像啥也学不到啊。父亲怒道：谁说学不来东西？学了哲学就知道自己有多么愚蠢。阿里斯托芬编造的这个故事应该是以苏格拉底的"自知无知"说法为蓝本，本来是讥讽苏格拉底，但也如画地描绘了哲学的独特性质。话说回来，如果学习哲学只是获得"自己真的很蠢"的自知，也不知是不是积极的结果。故事有煽动性，我读了这个喜剧就顿感自己从来没有为一个哲学问题找到过答案。

哲学问题所以无解，在于哲学问题的普遍性往往涉及无穷性。只要涉及无穷性，任何一个哲学理论都会有反例。举出一个反例对于科学是致命打击，但对于哲学却只是蚊叮虫咬。一个哲学理论只要提出了有意义的问题或解释，就足够好了。哲学不怕反例，但怕自相矛盾或悖论，而这是哲学很难避免的事情，这是因为哲学理论或多或少都具有某种自相关性或基于循环解释，那就走在自相矛盾和悖论的边缘了。如果试图彻底避开自相关或循环解释，恐怕更糟，那就意味着需要独断地预设一些不许质疑的信念或价值观，也就不再是哲学而变成意识形态了，而比这更糟糕的是，不许质疑的信念大概率会走到自我挫败（self-defeating），哪怕是高大上的价值观比如平等和自由，也必须允许质疑而不能压制，否则就反而以实际行动证明了不平等和不自由。哲学问题并非不能有答案，而是没有绝对答案。不过在严格意义上，没有绝对答案，就算没有答案。

"绝对"是哲学最爱的概念之一，但这个概念本身就是夸大其词。除了逻辑，不敢说绝对，即使是逻辑规律，其"绝对性"也有限定条件，比如量子力学和直觉主义数学的兴起就质疑了排中律而引起争论，结果产生了多值逻辑。有趣的是，尽管墨子逻辑远远不能与亚里士多德逻辑相比，却出奇早地提出了一个等价于直觉主义数学关于排中律的理解，转换为现代语言，可以表达为：排中律是有效的，当且仅当，限于矛盾律有效的范围内。这意味着，矛盾律和排中律并非地位平行的定理，矛盾律是排中律的必要生效条件，而在矛盾律的有效范围之外无条件地使用排中律就是滥用。我觉得墨子很有先见之明，于是在大约 1992 年的书或论文里讨论过这个"有趣的"墨子问题，但没有任何反应，也许只是我自己觉得有趣而已。这里不讨论逻辑，只是想说，连逻辑和数学都不够绝对，哲学就更别想。希腊—基督教传统下的哲学有着追求绝对答案的倾向，这在心理上可以理解，但还是指向了一条可疑的形而上学之路。在维特根斯坦看来，追求绝对答案的形而上学是胡说。

哲学的难处在于没有必然"保真"或至少"保值"的方法。数学和逻辑有其保真方法，但哲学真的没有。当然，哲学运用了许多试图增强其有效性的方法，首先必用逻辑，但逻辑并不是专属哲学的方法，而是任何思想和知识的一般通用方法。逻辑虽有保证命题关系的形式保真性，但管不了前提或假设，而思想争议多半与前提和假设有关，因此逻辑只能为哲学助力却无法为哲学作保。当代哲学时而还运用博弈论，博弈论也是多学科的通用方法，虽有严格的技术性，但其应用场景却往往承载了某些可疑或并非必然的价值预设，因此在实际应用中也未必保真。例如罗尔斯的"无知之幕"博弈就很可疑，既不反映真实世界，也没有准确表达理性风险规避原则，而其默认值是预备宣传的价值观。

如果不算逻辑和博弈论之类通用方法，那么，专属哲学的方法就只有怀疑论、先验论证、辩证法、现象学和哲学逻辑（分析哲学的方法）等。另有一些经常被混同为方法的观念其实是一些假设、信念或视角，在这里不算入方法，例如唯名论、唯实论、经验主义、理性主义、现实主义、历史主义、解构主义等等，此类假设或信念都是某种"视野"（horizon），尚未构成方法（method）。其中的区别是，请允许我给个比喻：视野相当于站在某处去看某个目标，但这只是一种可能的"看法"，看见目标不等于就能够抵达目标。无论表达为 method 还是"道"，方法的本义都是道路，意味着能够保证从出发点抵达目标的道路，可见方法具有操作性，是

"做法"。简单地说，如果有"做法"，那么是方法；如果没有给出"做法"，就只是看法。哲学的"主义"虽多，但方法却没有那么多。

即使有逻辑助力，哲学的大多数方法仍然不够严格，远不能保证必然性。当然，必然性对于哲学论证来说是过高要求，但即使是寻求"最优解"，哲学方法也气力不足。求解"最优可能性"是我试图寻找的方法，容后再论。在哲学方法中，似乎只有先验论证（transcendental argument）看上去比较严格（数学和科学却未必承认），但应用范围很有限。因此，哲学方法仍然有很大的发展空间。就反思能力而言，目前所见最强大的是哥德尔的系统反思方法，还有维特根斯坦的"游戏"分析。哥德尔方法表面上是数学，其实具有极深刻的哲学性，是目前所见最厉害的反思方法，可惜对于大多数哲学问题却用不上，在此不论。这里说说维特根斯坦方法。

在方法上，我从维特根斯坦那里学到最多，我把他当成其中一个隔代老师。不过我的老师李泽厚似乎并不太佩服维特根斯坦，他的精神"老师"是马克思、康德和孔子，这个新意组合很高强，可惜我对辩证法缺乏经验，还需继续学习。维特根斯坦方法具有革命性，尤其是"游戏"分析让我看到了一种哲学史上所无的方法，尽管这种已有七八十年的方法作为事件已经不新了，但在有效性上仍然是新的，其潜力尚未得到充分开发。当然，维特根斯坦方法的重要性未必超过其他哲学方法，比如怀疑论、先验论证、辩证法、现象学和哲学逻辑，这些方法都使我同样收益良多。

维特根斯坦方法开启了不同于学院哲学传统的新维度，即哲学可以不通过研究哲学史而直接研究生活本身提出的问题。这也是最古老的思想状态，第一代哲学家显然都是这样思考问题的。这意味着，从本源上说，哲学问题直接来自生活事实而不是来自哲学史文本，而维特根斯坦哲学是一个返祖现象。

哲学成形之后，主要是以超越经验的概念作为思想对象（这个传统与柏拉图有关），哲学史就是反思普遍概念的历史，其默认的假定是，普遍概念能够先验地解释生活，于是，生活似乎必须服从概念。但事实相反，生活是活泼的、不确定的和创造性的，始终在突破概念，因此，不是生活必须服从概念，而是概念必须服从生活。维特根斯坦发明的"游戏"分析就是直接研究生活问题的一种哲学方法，虽然有返祖性，但比哲学的初始状态要高级得多，它把概念置于活跃的生活游戏中，迫使概念呈现为问题。这种既不服从传统哲学概念也不依靠哲学史文本而直接分析真实问题的哲学方法是维特根斯坦之前从来没有的事情，所以是哲学方法的革命，至少为哲学增加了一种新方法。工科出身的维特根斯坦精通数学和逻辑，据说只读过很有限的几本哲学书，却做出了划时代的哲学成就。这绝非鼓励人们忽视哲学史，哲学史无疑非常重要，仅仅是说，维特根斯坦发明了一种"非哲学史"的哲学研究方法。

游戏的另一面目是博弈，所指是同一个生活事实（game），只是各自针对的问题不同，所以游戏论和博弈论是事实相关而问题不同的两种理论。冯·诺依曼发明零和博弈论略早于维特根斯坦发明游戏论，而维特根斯坦的游戏论又略早于纳什的非合作博弈论，大体上都属于同一个时代，这说明他们对游戏作为基本问题的敏感。游戏意味着一种广谱的分析模型，生活中几乎所有问题都可以"转译"或者说一一对应地映射为游戏问题。游戏模型揭示的是真实问题的内在逻辑以及属于生活自身的历史性。真实问题总是比哲学家想到的问题更重要、更严重、更严峻，而概念永远赶不上生活的问题。

游戏（博弈）概念指的是任何互动行为关系形成的生活形式（forms of life），几乎覆盖了除了私人经验的所有公共问题。游戏论试图分析，游戏是如何在互动行为中被建构的，核心概念是规则，主要问题是规则的生成、遵守和改变，或规则的确定性、不确定性和合理性等问题。与之不同，博弈论研究的是游戏中各方的策略得失问题，尤其是博弈的理性解和最优解。游戏论和博弈论虽然涉及同一个生活事实，但似乎各做各的研究，并没有形成配合。游戏论和博弈论同样重要，如果形成配合互补的视野，就可以更好理解"游戏"的多面问题的多层关系，从而理解具有丰富变量的生活事实，因此我倾向于混用游戏论和博弈论双重方法。

或许我可以这样理解哲学：哲学所以成为"元—思想"，就在于能够发现触及思想界限或生活极限的"极端问题"，因此需要相应的"极限反思方法"。如果没有极端问题，就不需要哲学；如果没有极限反思方法，就看不见哲学问题。在构成哲学的变量里，"问题"的取值不能为零，"方法"的取值也不能为零，但哲学史的取值可以为零——这听起来是个恐怖故事，但事实如此。假定哲学史奇怪地丢失了（当然不是事实），比如焚书毁经，那么，哲学问题仍然存在，思想方法也存在，哲学仍然能够进行或重新开始。事实上苏格拉底和柏拉图或老子和孔子就是在几乎没有哲学史的条件下开始哲学思考的（早于他们的哲学是追认的），维特根斯坦也是在几乎不利用哲学史的条件下进行思考的。这说明，问题和方法是哲学的"先验变量"而哲学史是"后验变量"。当然，哲学的后人几乎不可能回避哲学史背景，维特根斯坦的天才是万中无一的特例。我的意思是，即便在哲学史的背景下去思考，哲学也需要一种"新手"或"创始人"的纯粹思想状态。对于"新手"，找到方法和问题最重要。

在我的方法"工具箱"里，有逻辑、游戏分析、博弈论、怀疑论、先验论证、哲学逻辑等。但有个短板，就是还不能很好理解（黑格尔以来的）辩证法，学过，未能致用。任何哲学方法都不是万能的，这与哲学问题的性质有关，正如维特根斯坦发现的，哲学问题是"没有答案的"。这里"没有答案"的意思是，哲学问题不可能指望一个在普遍有效性上等价于数学或科学的答案（answer），而只能指望找到某种有意义的解法（solution）。反思总会遇到无法超越的思想界限或存在条件的界限，据说在界限处，"问题消失了，而问题的消失就是解决"。维特根斯坦的意思不是说我们脑子里不再萦绕着那些哲学问题——谁也管不了脑子里想什么——而是说，当答案消失了，问题也就消失了，一个没有答案的问题就不算是问题了。这个论证虽然强有力，而且我一直相信维特根斯坦，但在关于哲学问题的解释上，我并不服气，决心继续寻找"答案"，但不是那种唯一或必然的答案，而是作为"最优可能性"的解法。我需要一种寻找最优可能性的方法。

维特根斯坦的终点是我的出发点。哲学问题不可能因为触及"不得不接受的生活形式"而终结于"事情就是这样的而不是别的样子"的描述，或者说，思想问题不可能终结于给定的事实。虽然事实是描述的终点，但事实也正是不断被重新建构的对象，就是说，所有被给与的生活事实都是思想和行为的创作对象。人类的生活性质是创造性的，生活形式在不断变化，人类为存在建立了秩序又不断改变秩序，因此，"不得不接受的"事实只是问题在特定语境下的约束条件，却不是问题本身——维特根斯坦在这里似乎有个误解。我的出发点是，不可选择的事实只是问题的条件，可选择的事情才构成问题，到底为什么选择这个而不是那个事情？理由何在？这才是问题，才需要问号，才有了所有的"为什么"。

有些选择的理由是清楚可比较的，这意味着策略性的问题，而有些选择等于创作，这种创造性的问题直达一个触及根本的循环解释：创作就是创作问题的答案。可这不是必然的答案，只是一种可能的选择，那么，自由创作如何能够自证合理性？可以想象一个情况：上帝全能，干什么都对，可还是不得不反思：为什么偏要做这个而不是那个事情？上帝可以自问自答，但问题是，即使做任何事情都对，也无法回避关于选择理由的问题，无论如何总要给个理由，哪怕是上帝也要给自己一个理由。上帝的故事只是神话，但对于人类来说，创作的理由问题却不是文学故事，而是事关生死存亡的严重问题，人类如此弱智，创作就是冒险。关于创造的存在论难题就是：建构任何秩序都要面对多种可能性来进行选择，却不存在任何必然理由来证明选择某种可能性的合理性。

人类的每种选择都意味着一种事情的开端，因此，创造就是不断地复习作为开端的本源，不断从本源再出发。但创造的本源性问题是从来没有被解释的形而上学或存在论问题。维特根斯坦的方法在此帮不上忙了，我需要另外发现解释"创造的问题"的方法。这是 90 年代初开始想到的问题，好久没有找到出路。后来，在 2000 年前后重读先秦文本时，我意识到"创造的问题"其实是最古老的问题之一，在先秦文本里称为"作"的问题。奇怪的是，原来读过却视而不见。确乎有这样一个现象：如果不是自己重新发现某个问题，就非常可能对古老的问题视而不见，所以，问题总需要被重新发现。不过，先秦文本只是发现了"作"的问题，却没有给出理论解释，仍然是有待开发的问题。

面对复数可能性的"选择问题"，其极端形式表现为"创造的问题"，在形而上的意义上，两者实质上是同一个问题，前者是这个问题的弱形式，后者是强形式。在 90 年代思索这个问题时，最先给我启示的是莱布尼茨。这里切入一个偏见，如果按照金庸的典故来说出"三个半最佩服的"哲学家（其实我最佩服的哲学家至少 20 个以上），我愿意说，首推亚里士多德，他发明了逻辑，世上恐怕没有比发明逻辑更厉害的成就了；其次是莱布尼茨，发明了微积分，还提出了数理逻辑的构想。尽管微积分通常归于牛顿（最先发表），但事实上莱布尼茨早于牛顿发现微积分，今天使用的微积分也是莱布尼茨系统而不是牛顿系统，虽然两者等价，但莱布尼茨系统的表述和结构更为合理，因而被沿用；再者是《易经》的发明人，不知何人，《易经》蕴含的动态均衡原则极其重要，是文明生存的重要原理；然后是维特根斯坦，他有无与伦比的天才洞见，但工作没有做完，不完整。

话归正传。选择的问题，或创造的问题，在莱布尼茨看来，就是上帝遇到的唯一问题，上帝必须在"无穷多可能世界"中选出"最好的可能世界"。这里略加解释，上帝只是代表造物主的概念，不需要是一个实体，只需是一个大主体，或"大我思"。上帝万能，选中哪一个可能世界就同时创造了这个世界，所以对于上帝来说，选择即创造，两者实为同一个问题。莱布尼茨不仅提出了"可能世界"的概念（非常重要的分析工具），而且提出一个无法反驳的假设：在众多可能世界里，上帝必定会选中最好的那一个。这个假设似乎理所当然，如果有谁故意选择不好的可能世界，那才需要理由（参考苏格拉底命题：无人故意犯错）。可什么算是"最好的"可能世界？这是非常难的问题，但莱布尼茨天才地替上帝想出两个近乎无懈可击的标准：（1）事物的最大丰富性（richest collection）；（2）一切存在的共可能性（compossibility）。这两个貌不惊人的指标让我钦佩不已，只要仔细想想就会发现，除了这两个指标，真的很难想出别的"好标准"。

莱布尼茨替上帝思考创世问题，那是越俎代庖了，属于思想游戏，但如果把这个思想游戏移植到人类语境里，就变成极其重要而严肃的根本问题，直接触及了人类的存在论困惑。我做的工作就是把创造的困境移植到人类语境中来。人类为存在建立秩序而创造历史，所遇到的也是一个"创世性"的问题，虽与上帝创世在物理学上完全不同，但其中的"我思"问题却非常相似，都是面对无穷可能性如何进行选择和创造的理由问题。这种理由必定是"无理之理"，但又必须是一个最好的理由，在此，上帝创世要解决的思想问题与人类创造秩序要解决的思想问题之间存在着某种映射关系。莱布尼茨发现的"最好可能世界"的两个无懈可击的指标必须采用，但对于人类生活来说，这两个指标却不够用。对于创造一个物理的最好可能世界，只有一个主体，那么莱布尼茨标准是足够的，但对于创造一个人文的最好可能世界，里面存在着众多主体，有着无比复杂的主体间关系，对于多主体的世界，莱布尼茨标准就不够用了，因此需要增加某种或某些指标，而要发现新指标就需要新方法。可是方法在哪里？这是难处所在。在 90 年代初期，我初步意识到这个问题，但未能清楚地表达，不能说清楚其实就是还没有想清楚，因为还没有想清楚，于是写作了一些奇奇怪怪的论文，估计错误不少。

无论如何，我意识到哲学潜在地存在一个根本的道路分叉：寻求**必然性**的哲学与思考**可能性**的哲学是不同的道路，或者说，在寻求必然性的道路之外，另有一条思考可能性的道路。寻求必然性是欧洲的哲学传统，虽然并非没有例外，但采取希腊—基督教框架的哲学几乎都在寻求必然性。当我发现哲学问题可以落实在可能性而不是必然性之上，就意识到这个思路与先秦形而上学暗合。基于《周易》的形而上学显然不是研究必然性的哲学，却提示了一种研究可能性的哲学。尽管中国古代哲学是一个富矿，但往往只是深刻的直观，缺乏清楚的分析和充分的论证，思想不完整，所以需要重新发现和重新建构。

在可能性哲学里，不存在绝对性或绝对答案，那么，思想求解的就不是必然性，而是**动态的最优可能性**，这是《周易》的变易与均衡思想。我记不清产生"可能性哲学"这个想法的时间了，大概是1993 年前后。1994 年出版的《论可能生活》选择了可能性哲学的一个容易入手的问题。"可能生活"概念是以莱布尼茨的"可能世界"概念为启示而演化出来的，但针对的问题有所不同。可能世界是一个存在论的概念，在逻辑上说，存在着无穷多个可能世界，后来也成为模态逻辑的一个概念。可能生活则是关于实践的概念。给定一个可能世界，人的行为有多种可能选项，每个行为都选择了时间和空间的一种特殊构成，也就选择了一种可能生活，其极致的影响力甚至可以改变所在的可能世界（比如革命），因此，可能生活可以理解为行为与可能世界的关系所产生的一个函数值。每一种可能生活都相当于提出了一个或伦理或经济或政治或历史的问题。尤其是，可能生活是一个承载着意义或价值的概念，当选择一种可能生活，不仅是选择了一种存在方式，同时也建构了一种意义或价值，因此，可能生活可以用来解释生活意义。

不过，我对解释生活意义并无热情。生活意义之所以从不言而喻变成了疑问，是因为现代生活把原本由传统来解释的价值观交给个人自己去解释，可是生活的现实却不由个人说了算，于是，现实与意义发生了分裂而脱节，变成了两件事情，甚至是互相对立的两件事情，两者的不协调与不一致把生活意义变成一个"答案在空中飘"的问题（鲍勃·迪伦）。在传统社会里，现实就是意义的解释界限，或者说，现实蕴含了意义。现代性切分了现实和意义，于是，意义不再属于现实，而属于不存在的梦想，而现实变成了批判的对象。现实与意义的分裂正是一种精神分裂的症状，而生活意义的困惑就成为现代性的一个症候。

不过，可能生活理论却不是对传统生活的辩护，而是试图发现或能重建生活现实与生活意义一致性的一种方法。简单地说，如果生活意义不是一种幻觉，那么，生活的意义终究只能在生活内部来解释，就是说，生活自身必须能够解释生活的意义，否则就变成一个无着落的问题。这就必须承认生活和生活意义之间存在着循环解释，而我正是试图论证，生活和生活意义的循环解释是合理的，道理在于，每种选择都蕴含价值，当选择一种存在方式就定义了一种价值，于是，实然和应然不再分裂而构成了循环解释，即 to be 和 ought to be 可以形成循环解释。换句话说，当决定选择一种存在方式，其理由必出于 ought，即这样的存在应该存在，而如果一种出于 ought 的选择得以实现为 is，那么 is 就定义了 ought。这是我的真正用心，即通过可能生活概念来说明生活能够自己解释生活意义，这样的话，生活就是一个自足的存在论事实，实然和应然能够形成一致性，生活意义也就不需要外在于生活的解释比如宗教的解释。

《论可能生活》几乎没有直接讨论生活的意义，

而是通过幸福概念来标记意义。没有人可以告诉别人什么是好生活，生活意义有个"冷暖自知"的标志是幸福，但幸福并非生活意义本身，而是意义的显灵。幸福不是可分配物品，只是行为的可能结果但不是必然结果，在许多情况下是运气，就像会跳舞是一种福气，会唱歌是一种福气，有思想能力是一种福气，力能举鼎是一种福气，如此等等。不过，在这个不平等的客观事实之外，我试图通过可能生活的可选择性来说明幸福的两个主观原则，第一个原则是：如果一个行为本身自成目的，那么是幸福的；第二个原则是：幸福是来自他人的礼物。只要愿意，每个人都有能力让别人幸福，因此，每个人都**先验地**欠着别人的幸福。结论是，幸福是一种被创造的关系。这个论证是在生活内部去解释生活意义的一个实例。在《论可能生活》之后我再也没有研究过此类问题，但不等于这个问题不重要，相反，幸福的消失正在成为当代的严重问题，可以购买的快乐正在成为幸福的廉价替代品而逐步取消幸福，进而取消生活意义。

约在 1995 年后，遇到的新问题越来越多，就越感到需要新方法，于是我设想了"无立场"的方法论概念，严格地说，无立场只是新方法的一个预备条件。无立场的概念经常被误读为"不要任何立场"，估计是我没有讲清楚，这里再解释一下。无立场的概念部分是从希腊怀疑论的"悬隔信念"（存而不论）方法演化出来的。无立场的概念意味着：（1）生活有立场，哲学无立场。如果把任何一种立场当成不可质疑的原理，哲学就退场了。在思想之前就选定了立场，等于事先预定了结论，在出题之前就拟好了答案，也就不需要反思了。只要哲学是反思，就不可能接受任何预定立场，所以哲学是宗教的反面。神学家德尔图良早就看清了这个原则性的分野，所以他说：雅典与耶路撒冷有何相干？学园与教会有何相干？有了信仰，就不需要别的观念了（别的观念指哲学）。概括地说，无立场意味着：如果某个事情 x 成为哲学的研究对象，与 x 有关的价值观就出局，不再是思想的根据；（2）无立场不是否认各种立场的在场，相反，无立场要分析的正是每一种立场的在场作用。价值观是导致行为选择的一个重要因素，其力量仅次于利益，所以价值观正是要被分析的问题，但不是提前宣告的答案。在此，无立场意味着拒绝服务于任何一种立场，仅仅使用纯粹理性来思考问题；（3）无立场也有别于科学的价值无涉。科学可以研究不含价值的事实，因为科学有着客观参照系，但哲学缺乏此种客观优势。哲学研究的人文对象，无论观念还是秩序，都是包含价值观的事实，因此，哲学没有客观对象。在此，无立场只是把所有的价值观都一视同仁地看作是研究对象，是一种思想的平等主义。

更需要讨论的是其中的一个技术性的问题：如何才能做到使每种价值观都成为**被研究的对象**，而不让任何一种价值观成为思想的事先定论？人的观点难免偏心，于是我设想了一种"外星人"的人类学态度。外星人与人类生活毫无利害关系，也不需要人类的价值观，于是，外星人对人类的观察只会看见各种事情如何客观地发生作用，只看见"功能"和"结构"而不在乎人类的立场（地球的人类学确实有功能主义和结构主义方法），于是，人类的行为、秩序、观念和制度在外星人的人类学视野里呈现为无立场的观察对象，表现为一个文明的各种功能、关系、结构和存在方式，总之，就是把伦理或价值观转化为存在论的问题：如何存在、如何运行、如何建构秩序等问题，这样就有望达到纯粹理性下的纯粹反思。不知道这样是否说清楚了无立场的概念？

《一个或所有问题》（1997）试图展开对哲学方法的进一步想象，意思是，所有问题必须被理解为一个问题才能够定位其意义，而一个问题又必须化为所有问题才能够被理解。这个想法的最初启发来自当代物理学试图统一相对论和量子力学而建立大统一的"万物理论"。不过，生活世界与物理世界却有不同的存在方式。自然本身是统一的，所以科学可以统一，可是人类生活却不统一，目标各异，利益冲突，信念相悖，唯有问题是共同的或相似的，因此哲学不需要统一的理论，而是需要一个"问题的互联网"。人类建立的秩序系统包含各种自相矛盾或混乱失衡，到处都是难以解决的问题，简直就是一个"问题世界"，因此，人类生活的真正基础并不是理论和概念，而是问题。其中最大的问题就是人类秩序没有自然系统那样的自身调整能力，因此总是陷于冲突、动乱和战争而积重难返。这是人类存在方式的长期隐患。按理说，哲学是思想的反思方式，似乎承担着人类在思想上自身调节功能，如果哲学缺乏思想上的调整能力，只能说明哲学远未成熟，因此我疑心我们对两千多年来所建立的"伟大"

哲学怀有幻觉，两千年可能只是思想的童年，甚至疑心我们苦苦思考了许多被误导的问题，或许，我们尚未理解什么是真正触底的问题。

这种怀疑论态度引发了我重新思考本源或重新追寻本源的冲动。首先需要一种能够去找到本源的方法，我必须胡思乱想。《一个或所有问题》只是初步地讨论了方法，主要是提出问题。有问题就有路径，其中对后续研究比较有意义的是发现了几个路径，包括"动词哲学"（与"名词哲学"相对）、创造的问题、事物的哲学与事实的哲学的区别，这些轮廓尚不完整的想法在后来的《第一哲学的支点》（2013）中推进为存在论与创世论的一致性问题，还有区别于"物的哲学"（philosophy of things）的"事的哲学"（philosophy of facts），以及"存在即做事"（to be is to do）、"存在即造事"（to be is to make）和"我行即创作"（facio is creo）的及物思维，这些问题都被整合在"我行"（facio）的理论中。

90 年代末，我有缘开始参加欧洲的跨文化研究，在讨论跨文化的互相不理解或互相误解的问题时，想到一个或有助于理解复杂问题的实践方法，称为"综合文本"。这个想法最早用英文生造为 syntext，翻译为"综合文本"，意思的清晰度不如英文的构词，但想不出更好译法。综合文本意味着问题、观念和解释的无穷链接，从而与真实世界的无穷链接形成呼应，并在观念系统之间建立一个观念网（观念的互联网模式），使得观念网里的各个观念系统能够互为分析对象而互相反思，有点类似于互相映射。映射是一个很有用的数学方法，常用来系统间转译而解决问题，比如，系统 A 里存在着自身无法解决的问题，如果系统 A 与系统 B 能够形成对应的映射，而系统 B 有解决问题的方法，那么，A 的问题可以映射到 B 中来解决，至少能得到更清楚的解释。

真实世界过于复杂，往往无法直接解决其中

的问题，通常的做法是建立专门知识把复杂问题分解为足够简单的问题来解决，所谓化简或还原（reduction）。早期分析哲学甚至想象所有知识都可以还原为"原子命题"，即化简到不能再化简的细节描述。这个激进观点看来不太成功，太多的事物无法如此描述，甚至有些事物无法建立有效的经验描述。还原论的知识生产对于具有确定性和稳定性的事物是有效的，但对于波动性的、不确定的事物或难以分解的总体性问题就无效了。自然科学为了理解复杂现象而建立了综合性的"复杂科学"，我不知道复杂科学是如何研究的，但我猜想，在问题意识上或与综合文本有某种类似之处。

综合文本可以理解为一种反还原论。当然不是反对任何还原——还原还是一种有用的技术——而是反对过度还原或无理还原，这里指的是，如果还原之后不能在知识回路上形成保值的**复原**，那么，还原就变成"解构"而导致意义损失，这样显然是可疑的。想象一个类比：如果现金以支票转账却不能如数兑现，那一定出事了。因此，可复原性是保值的一个验证标准。这似乎是在建议一种整体论，但亦是亦非。传统的整体论并不比还原论高明，往往流于缺乏实际意义的"整体认识"或"整体理解"，其实无非是整体概括。可是整体概括尚未达到理解，而只是理解所需的框架。理解需要通达问题和解释的"地图"，如果没有标明问题之所在以及通达解释的道路，就不是一张思想地图。综合文本的工作类似于制图学或勘探，虽然是为了建立思想的整体性理解，却不是对"万物"的整体概括，而是在整体视野的条件下去发现"田野"的复杂性（这里借用一个人类学词汇），或者说，在形而上视野中去发现形而下的细节。不过，关于细节不能抬杠，我曾经对格尔兹（Geertz）的"浓密描述"（thick descriptions）概念开过严肃的玩笑：细节描述到底需要多浓密才算足够浓密？显然，细化是一个无穷过程，未必能够达到事物本身。诸如"事物本身"之类实为哲学之幻想，实际上只是个定义，甚至无法定义。我的意思是，需要何种程度或什么样的细节取决于问题的规模，重要的是方法的操作能力，或者说，重要的不是形容词，而是动词。

在实践操作上，我这样猜想：一个事情的"在场"地点并不等于也是问题之所在或答案的地点，在场的事情与问题或答案可以错位而在，事实上往往不一致（不排除偶尔一致），这种不一致的情况会导致理解偏差或找错答案。这个表述有些不友好，换句话说，一个事情 x 在特定语境中和条件下，形成了在场呈现方式 p，借用生物学的概念称为一个事情的"表现型"（phenotype）——不太准确但比较直观，但表现型貌似提出的问题却不一定就是真正问题之所在，更不一定就是答案之所在，真正的问题和答案可能在其"基因型"那里。人们倾向于在**同一个时空内部**来建立因果联系，或者在同一个框架内来建立因果关系，比如因为 x 而发现有问题 q，通常就事论事地认为 x 是导致 q 的原因，因此 q 的答案就在 x 之中，因此就必须整治 x。这类似于头痛医头脚痛医脚。事实上，在更多情况下，事情与问题或答案是跨界存在或跨时空存在，一个事情在此处，问题却在别处，或问题在此处，答案却落在别处。事情与问题或答案的"所在地"可能是分离的。比如说，政治问题的答案可能在经济那里，或经济问题可能要依靠政治来解决，或者，政治问题需要通过文化来解决，或者，政治和经济的问题都要通过技术来解决，诸如此类的可能情况。综合文本的意图是展开多向链接和层次叠加，寻找多重焦点的**重合**。如果多视角"不谋而合"地形成重合的"聚点"（focal point。托马斯·谢林的概念），或者说，条条大路最终形成共同终点的"罗马点"，那里大概率就是关键问题或关键答案之所在。

综合文本的无限延伸就会走到"新百科全书"，

这个概念意味着知识的系统化生成方法。达朗贝尔和狄德罗等组成的法国哲学家群体，称为百科全书派，最早提出"百科全书"的知识概念。他们编纂的是其次早的百科全书，最早的百科全书似乎是英国的，但英国人并没有提出以百科全书为模式的知识论概念。百科全书派想象了一种无所不包的知识体系，但局限于启蒙时代对知识的理解。在纪念狄德罗和达朗贝尔主编的百科全书 250 周年的会议上（2001，Sorbonne），我提出"新百科全书"的概念，意思是，不仅需要"所有学科"的维度，而且需要"所有文化"的维度，这样才能形成无一漏网的全方位知识坐标系。当时的看法相当粗略，后来的想法略有推进，但至今还没有想清楚细节，因为涉及许多高难度的问题，比如分类学问题。

对于自然科学，尽管存在着难以分科的复杂问题，但大体上科学各科的问题和方法都是清楚明确的。对于人文及社会科学，其分类学就缺乏清楚和充分的理由，所谓"各科"，其分类很是勉强，多半是传统习惯，尤其是大学体系的产物。就生活实况而言，问题本身不分科，都是思想的共同问题，于是怪事出现了，人文和社会科学的几乎每个学科都自我感觉有能力解释几乎所有问题，比如经济学相信几乎所有问题"在根本上"都是经济问题，社会学和人类学也同样这样看，历史学更有理由这样理解，而哲学自认为"自古以来"就拥有解释所有问题的资格。有趣的是，这件怪事是合理的，因为生活的几乎每个问题确实同时存在于所有不同的视野中，有点量子现象的意思。

因此我想象，"新百科全书"（当然不是真的一本书）意味着一个新的知识论概念，知识不能以画地为牢的"封地"方式或固定不动的建筑"框架"方式来构成，但也不能像后现代主义那样激进地反逻辑或反结构，而需要一种与生命同构的"活结构"或可塑结构，具有网络性而能够无限链接，具有连续变形的拓扑性却能够保持一致性质，从而达到"所有知识团结起来"，这是"一个和所有问题"原则的结果。这样的话，所有知识就形成互相解释、互相证明、互相注解的效果。这个开放而灵活的知识系统并非没有约束标准，除了传统的逻辑证明和经验证实标准，我希望增加一个以整个知识系统为尺度的标准，即**叠合聚点**，意思是，一种理论的可信度与这种理论在多学科或多领域里的叠合有效性成正比。或者说，如果一种理论在尽量多的领域里都有效，或如果多领域的问题都通向同一种理论的解释，相当于形成条条大路的"罗马点"或多视野的共同"聚点"，那么这种理论就很可能更接近事实的秘密。"游戏—博弈"理论可以是一个例子。

在方法论上，我最关心的还是形而上学方法。长期以来我有一个"秘诀"方法，属于实验，未敢肯定是否普遍有效，所以一直没有写出来，直到2021年为了解释《第一哲学的支点》（2013）的方法论以及回应学友们的问题，才写了两篇关于这个用于探求"本源"的方法专论，细节在此不多重复。简要地说，哲学寻找的本源不可能是作为第一原因的实体，也不是绝对的存在本身，这两者都查无实据，万一有据可查，也属于科学，因为科学有查证的方法而哲学无法可查。方法是思想的界限，没有方法就没有发言权，在没有方法的地方，就不可能理解和解释问题。

能够解释思想和生活的本源必定不可能超出思想和生活的界限（维特根斯坦看到了"界限"问题，但没有意识到界限同时也是"本源"）。本源与起源、开端或出发点几乎是同义词，或者说，本源就是思想和生活的初始基因，因此，追寻本源就具有广义上的历史性或考古学性质——可联想到福柯的"知识考古学"，但问题不同，不敢攀比——更准确地说，是一种关于思想和存在方式的基因突变研究。真正的哲学本源就是来自创造历史的"存在论事件"所蕴含的普遍问题，追溯本源就是追溯初始性的"存在论事件"，并且从中发现"存在论事件"所形成的导致"一切问题"的问题起点。目前我找到的最具临界点意义的"存在论事件"是否定词的发明。

思想和生活的发展是历史性的和创造性的，所以历史上层出不穷的哲学理论总是以"衍生的"（discursive）方式形成不断分叉的思想道路，然而，当试图回溯本源时，却不能以衍生方式去寻找，那样会迷路或陷入不可自拔的文本沼泽。文本是解释事物的话语世界，这个话语世界产生了仅仅属于话语自身的许多"语文的"或"文本的"问题，这些文本内部问题来自话语对自身的解释，是关于文本的"学问"，却未必解释了真实的问题，而且，没有一种文本能够形成自身的一致性和完整性，于是，文本即迷宫。因此，追寻本源需要能够保证思想不会迷路的回家**路标**，溯源方法论的关键就是"**路标**

问题"。我相信寻找本源所需的路标就是问题的**递归性**（recursive）。如果一个问题在生活时空里或在思想时空里总是递归地存在，无论在何处都躲不开，无论思考什么事情都会遇到这个绕不过去的问题，那么就是一个具有本源性的问题。尽管形成本源的"存在论事件"已经远去而遥不可及，但"存在论事件"所开创的本源问题却并非在万水千山之外，而是以递归的方式始终在场，就在身边眼前，这意味着，追寻本源的思考一方面具有考古性，另一方面又具有始终的当代性（contemporariness），考古性与当代性达到重合。通过递归方法去溯源，就能够找到哲学一直寻求的本源问题，也就能够解释人类所有秩序的秘密和困境。

《历史·山水·渔樵》（2019）另外试验了一种特殊方法，是对"意象"的研究，按照设想，这是专门针对中国思想的研究方法。通常所知的大多数反思方法都与希腊传统有关，在某种程度上都是从

逻辑和几何学公理方法演化出来的方法，都是研究
"概念"和"命题"的方法。可是中国思想的基本成
分除了概念还有更多的"意象"和"意象群"，而且
以意象为本。对于意象或意象群，概念的分析方法
并无优势，甚至有时误导。意象产生意义的方式并
不是严格的逻辑定义和"种加属差"的分类学，甚
至以"游戏分析"的用法枚举也恐怕不能确定意象
的意义。意象的意义有着互动性、衍生性、互相干
涉、互相转化、重叠和网络化的效果。我所试验的
"意象群"方法是否具有普遍性还是未知数，我只是
以"历史、山水、渔樵"三者的互动关系为具体例
子说明了如何以互相注解、互相投射、互相作证的
方式来构成意象群。

　　方法就讨论到此，下面说说问题。

二、问题

　　人类建立的所有秩序，无论制度还是观念系统，

都制造了人类自己难以解决的问题。这不是在暗示人类无事生非——人类不至于故意自寻烦恼，事实是，人类总是有事生非。能力就是生非之因，有多大的能力（通常是技术和思想）就几乎一定要制造多大的事情。如以自然的天然秩序为准，人为秩序都是反自然的秩序，都是存在论上的"错误"。打破自然秩序的人为秩序不可能是天然合理的，而且由于能力所限，人为秩序甚至很难达到自身协调，在合理性上都存在不同程度的"错误"，都有需要解决的问题。和谐从来都是理想，不是现实。老子最早发现这一点，因而主张"无为"，以求生活能够最大限度地接近自然的协调状态。老子的主张在纯理论上是对的，但不切实际。人类铁了心地要"有为"，非要发展越来越丰富的物质生活不可，一方面出于欲望，更重要的另一方面是技术，任何技术都会被致用，所以，老子的建议不在人类的选项里，无为的社会只能灭亡。人类只有一个选项，即把不合理的人为秩序尽量修改为合理的，但这件事有点像西西弗斯那样试图解决永远不能彻底解决的问题。

文明化或人文化的生活不存在给定真理，所以人类的存在方式必须是也只能是创造性的，并非人类爱好创造——那很累又未必成功——而是不得不进行创造。人是创造秩序的存在，只能活在创作中，创作就是人类的存在方式，因此，人类的存在论问题必定同时是创世论问题。《第一哲学的支点》（2013）论证了这个论点。在人类存在论的基本问题里，存在论和创世论是统一的，存在问题就是创作问题，或者说，"行为"（facio）与"创作"（creo）是一个问题。对形而上学的这个定位最早来自《一个或所有问题》（1997）中关于"动词思维"和"创造者"的分析。当然，我愿意把最早的思路归于《周易》中关于一切秩序来自"作"的问题意识。对秩序的创作就是创造历史的**存在论事件**。那么，什么历史事件构成了产生人类所有问题的本源性存在论事件？

　　在解释这个根本问题之前，我愿意绕道说说一个歪打正着的思想缘分。在 1985—1992 年，当时我一边学习维特根斯坦和胡塞尔的哲学，还有分析哲学，一边胡思乱想，结果想出了一个奇奇怪怪的存在论，写成《走出哲学的危机》(1992)。这个书名实在糟糕，莫名其妙，夸大其词，等我想改的时候书已经出版了。这本书想象了一种以"观念界"为本的唯心主义存在论，很有几分胡塞尔的影响。把存在论问题坐落在观念界里，并不是否认外在事物的实在性，而是说，对于实在界的外部事物，只有知识论问题，但没有存在论问题（如果有，那是上帝的存在论），我们可以科学地或文学地描述外部事物，但没有能力对其存在论问题做出判断（可以看出胡塞尔"悬隔论"的影响），于是，存在论问题的落脚处就被限制为观念界。我不能肯定这个理论是否有意义，但没有继续讨论，我今天的存在论观点也完全不同了。这里旧事重提，是想说说当时为了研究观念界而思考了一些与之相关的逻辑哲学问题。虽然我对逻辑的思考并无切实成果，甚至很可疑，却为后来思考"存在论事件"留下机缘。

当时我试图在观念界里讨论存在论，但又不满足于胡塞尔的意向性理论，总觉得意向性理论虽然定位为先验论，却其实很难摆脱对我思自身的心理学描述，而如果不能超越心理学，就达不到形而上了。胡塞尔自己看到了这个危险，所以他拼命要回避心理主义。但心理事实真的很难化为形而上学，太勉强了，在我看来，意向性不足以解释我思的理性建构，不能解释我思的操作过程的合理性到底在哪里，也就难以解释何以理性地构造出 noematic sinn（先验对象的内在含义）。于是我想借用数学直觉主义（布鲁威尔、魏尔、海廷）的"能行构造"（feasible construction）概念来理解我思的理性过程，但愿不是歪批。据说这几位数学家反倒读过胡塞尔，看来其问题应有相通之处。

观念问题往往被归化为知识论问题，既然我试图把观念界的问题切换为存在论问题，就必须做到"化真为存在"，把观念的真理性转换为存在性来解释，或者说，把真理指标化为存在指标。观念界以概念和命题构成，其存在论问题肯定与实在性无关，而关乎一个观念何以在观念界里必然成立（立足）。我不相信罗素的逻辑主义（逻辑解释一切命题的合法性），而试图以直觉主义的能行构造的概念来解释如何"化真为存在"。如果观念 a 必然存在于观念界，是观念界里的一个"合法居民"，那么，肯定存在一个能行过程把 a 必然构造出来。所谓能行过程，就是在有限步骤内连续地实现从 1 到 n 的必然建构。如果存在一个能行过程构造了观念 a，就相当于证明了 a 来历清楚，是有可信"档案"可查的。这虽然是比喻，但能行证明确实与户籍档案、出生证、产品证明或证据链有几分相似性。于是可以说，观念 a 为真，当且仅当，有一个能行过程创造了 a 的存在，或者说，如果有一个能行过程使得 a 在某个系统中成为合法存在，那么，对于这个系统来说，a 真 =a 存在（a ≡ ∃a）。因此我夸张地想象，在一个可构造的观念界里，真与存在是同义词。换句话说，一个观念的真值取决于它是否有"出生证"，而观念的"出生证"由一个能行构造过程所写成——当然，观念界的基本观念或基本设置是直接默认的，不需要"出生证"。于是，没有能行证明出生证的观念就是观念界里身份不清的"游民"。这个过于强硬的想法很可能是错的，或者在今天看来没有什么意义，一种思维练习而已。

我还连带大胆妄为地练习思考过几个逻辑哲学问题，假想而已，真要解决问题的话，我的能力远远不够，那需要专业数学水平。比如思考过加强版的说谎者悖论，太难了，不了了之，但因此学习了哥德尔并且钦佩不已。还想过多值逻辑问题。多值逻辑的基本型是三值逻辑，一种常见的解释是，在真假值之间还存在着"不真不假"或"半真半假"的第三值，进而推论，真假值的区间存在着无数值，就像 0 和 1 之间有无数值。我很不满意。我是这样想的：真假值必须完全互补才能够形成有效定义，否则连真假值都变成模糊不可分的渐变过程了。真假概念失去确定性是不可接受的，所以真假必须是绝对切分的边界关系，没有空隙，不存在"之间"地带。因此，第三值，或其他无数值，只能存在于真假值的空间"之外"，就是说，真假二值定义了一个可判定空间 d，而第三值另外定义了在真假之外的不可判定空间 ¬d，这两个空间平行存在，类似平行宇宙，不可判定的空间并非挤入在真假之间。

这样的话，多值逻辑与二值逻辑就可以通过"谈判"达成一致，我设想的谈判是这样的：把单纯的二值系统变成复合的二值系统，以"可判定"和"不可判定"来生成一个楼梯式的逻辑分叉和分层，即"可判定"和"不可判定"为起始层，可判定空间接着生成第二层，在其中定义一般真假值，接着根据问题需要和判断条件又可以定义多种有特定条件的真假值而生成许多层次，比如物理上的真假，数学上的真假，心理上的真假，诸如此类。这个楼梯式结构或许也可表达为套盒式的结构，比如（可判定（真假（（　）））/ 不可判定）。因此，二值和三值就似乎可以和解。是否可行？我不知道。顺便一提，据说俄国数学家曾经想发明一种不同于西方的三值计算机，采用的表达是 -1,0,1，其中，0 表示不可判定，-1 和 1 表达假和真。看起来似乎有些道理，但我也没有能力判断。

实质蕴含也是个怪问题。实质蕴含不合常理，对这一点我倒没有疑问，有疑问的是实质蕴含在哲学上的混乱。实质蕴含笼统覆盖了逻辑或数学的条件关系和经验的因果关系，但如果这两者的区别消失在实质蕴含里，在逻辑和数学之外的领域里就恐怕有麻烦了。如果说，逻辑只管自身的合理性，对其他应用概不负责（确实听过这样的言论），那逻辑也就没有多大用处了。在我看来，因果关系用合取（∧）来表达更合适（可以看出休谟的影响），这样就可以减轻实质蕴含的压力。曾经为了为难实质蕴含，我编造过"前件为真后件为假"却居然"必然"为真的语句，虽有恶作剧的成分，但里面也包含一个认真的问题，涉及这样的情况：如果一个知识论的命题里暗中承诺了某种存在论条件，就可能会导致似是而非的情况。当年以此请教过两个中国的逻辑学家和两个欧洲的数学家，成功地把他们一时搞糊涂了，可惜他们只是觉得有趣，觉得什么地方好像不太对头，但没有认真对待。前几年我遇到人工智能科学家陈小平，他不超过三秒就指出了我的前件里暗藏了一个没有说出的假命题。他是我见过的最厉害的逻辑学家。

绕了一大圈，我想说，关于逻辑的这些想法估

计多半不是想多了就是想错了，这不要紧，重要的
是，通过对逻辑的胡思乱想，我的真正收获是意识
到**否定词**（逻辑非￢）对于一切思维的根本和奠基
作用。我相信语言是意识成为意识的必要充分条件，
没有语言就没有反思能力，没有反思能力就没有意
识，而语言的反思能力始于**否定词**（等价于"不"
的任何自然词汇）的发明。否定的功能是一切反思
能力的基础，否定词是自然意识突变为思想的转折
点或临界条件。开始时我只是把否定词的发明推想
为一个语言学或逻辑学的史前故事，或者是一个意
识考古学的推测。20 年后在思考本源问题时才重新
意识到否定词的发明具有至关重要的存在论意义，
于是把发明否定词定位为人类思想的首要"存在论
事件"，否定词就是"第一个哲学词汇"（参见同名
论文），由此可以进而建立一种新的形而上学。

哲学上关于本源的研究，通常称为形而上学或
"第一哲学"。第一代的第一哲学属于亚里士多德，

研究存在本身（being qua being）。存在无疑是最大
的概念，似乎可以解释一切，但其实大而无当，以
至于无从思考。思想之所以对"存在"无从下手，
是因为，存在的概念只能必然或分析地推出重言式
"存在即存在"，而无法必然地分析出任何别的内容，
因此，研究"存在"本身不可能有任何实质进展。
假如允许从"存在"概念引出任意的（arbitrary）内
容，也就可以"辩证地"引出包括自相矛盾在内的
随便什么内容。假如事情可以这样干的话——似乎
黑格尔就是这样干的（但愿没有冤枉他）——那么，
存在概念就貌似解释了一切，其代价是废掉了逻辑、
思想和经验事实，也就终究无所解释，只不过在
"存在"与"是"之间形成了封闭的循环解释。所有
事情都有事先的答案，也就不需要任何问题了，这
不仅是"历史的终结"，甚至是"思想的终结"；第
二代的第一哲学基于笛卡儿的"我思"（cogito），这
是真正重要的一个概念，有很大的发展空间，康德

和胡塞尔的哲学都在这个空间里取得惊人的成就，但是"我思"无法解释在世的实体"我在"，无法证明任何外在事物和世界。这个局限性足以困住即使被完美解释的"我思"。无论如何，"我思"开启了一种真正的第一哲学；第三代的第一哲学属于海德格尔的"此在"（Dasein），此在是在世之在，与实在世界没有隔阂，不为"我思"所困。在世经验产生了具有存在论意义的"我忧"（curo），这种存在经验优先于世外"我思"的知识论经验。然而，"此在"虽有在世的深刻经验，却无法解释更无力解决在世的所有基本问题，比如政治和经济问题，还有知识论问题，甚至解释不了伦理道德问题。这意味着，"此在"概念一定欠缺某种关键的存在论性质，一定漏掉了最重要的存在论问题。恕我直言，海德格尔讨论的深刻存在经验似乎只是艺术和诗的基础，却不是应对这个残酷世界所有严重问题的存在论基础，就是说，海德格尔的思路深刻而不紧要，虽然超越了"我思"却在解释力上反而弱于"我思"。

我认为以上诸种第一哲学的局限性在根本上都在于受困于"存在"（being）或"是"（is）的形而上的概念而无法通达形而下的问题。事实上，除了纯形式的数学存在，所有的存在物都是形而下的，无论表现为政治、经济、伦理还是历史，都是实践性的存在。因此，如果形而上学不能解释形而下的问题，being就自绝于所有的beings，也就失去立足的基础而失去意义。打个比方说，如果发明了一种"语言"，但这种语言无法用来谈论任何事物，那么就不能被识别为一种语言，甚至连私人语言都不是。正如不能言说世界的语言不是语言，不能解释形而下事物的形而上学也不是形而上学。形而上学与形而下事物的隔绝是一种困死自身的"绝地天通"。所以，存在论绝不能被"存在"概念困死了。其实，存在论从一开始就被"存在"概念所误导，"存在"是存在论的一个基本概念，但根本就不是存在论中的一个问题，因为无可问也没有答案，而是言说任何存在论问题的前提。存在论的真正核心问题是"如何把不存在变成存在"，俗称"无中生有"问题，或"存在如何变在"（be-coming）的问题。换个角度说，存在"如其所是"不是一个问题，显然，如果存在永远同一，就没有提出任何问题，只有当存在同时是创造，才提出了问题，所以，存在论必须同时是创世论。这就需要第四代的第一哲学。

我的推演是，存在论与创世论的统一点在于把如是不变的"存在"落实为生变造化的及物行动，必须表现为一个具有创造能力的动词，于是选择了facio，兼有"行动"和"制作"之义。略感遗憾的是，在中文里我尚未找到在明确意义上兼备"行"与"作"的动词。不过中国思想向有"知行"之分，作为大分类，"行"在逻辑上隐含地包括了"作"，因此 facio 约等于"我行"。创作行动的存在论条件是否定词的发明。发明否定词的"存在论事件"开启了复数的可能性，创造了可能世界，因此，行动变成了对可能性的选择，同时是对可能生活的创作，这就是人的存在的本源问题。以 facio（我行）为出发点，可以解释人为的所有事情，推出了"事的哲学"，再推出了"共在存在论"，从而完成从本源问题推出所有问题而最后到达对本源问题的最优解的过程。大致如此。

其中的核心论证是：（1）存在论转换。存在的问题转换为行动的问题（to be is to do），理由是，人类为开展可能生活而建构秩序，存在就变成了创作，存在论与创世论达到一致性；（2）主体转换。把"我思故我在"（cogito ergo sum）转换为"我行故我在"（facio ergo sum），理由是，"我思"的思路至多达到思想的自身完满，但不及物，不能为世界建立秩序，不能改造世界，因此，自指的"我思"必须转换为及物的"我行"。既然"我行"是创造性的，以"我行"作为本源问题，就避免了亚里士多德的

"存在"与"是"的循环论证，避免了笛卡儿的"我思"无法解释"在世"的局限性，也超越了海德格尔的"此在"无法解释建构在世秩序的局限性；（3）facio（我行）必定蕴含共在问题。理由是，共在先于存在，没有共在就没有生活，甚至无法存在，而"我行"开展任何一种生活都必然涉及他人，于是，我行**先验地**蕴含了共在问题，存在论必定是共在存在论；（4）facio（我行）在展开所有相关问题的树状路径中具有全程递归性，覆盖了生活可能发生的所有人为问题，证明了facio（我行）就是始终在场而且处处在场的本源问题。当然，这个理论只是一个开始，更多的问题有待推进。形而上学是慢问题，需要慢思考。

形而上学的方法也可用于思考伦理学，我所做的伦理学工作也因此被认为属于"元伦理学"。所谓元伦理学，首先是对规范论的怀疑论，即拒绝任何预设的价值观和伦理规范，进而追问"凭什么说这是好的"和"好在哪里"。任何价值观或任何规范都不能自证,都必须在"元层次"被论证,因此规范伦理学无法成为证明自身的伦理论证,而必须作为被反思的对象。我只写过一本伦理学的书,《论可能生活》,得过若干奖项,这要感谢学友们的肯定,其实有点不好意思。

这里我想毛遂自荐的是另一篇论文里的论点。每种价值观都包含主观倾向的特定"内容",所以无法自证其普遍有效性。于是古人找到了某种没有指定内容而只有"形式"的普遍公式,即对价值内容无限定,只有可代入的变元。这种公式就是伦理学的元定理,通常借用基督教的说法称为"金规则",有肯定式也有否定式,肯定式有强加之嫌,因此通常只承认否定式的金规则。各种文化的金规则虽表述略有出入,但基本精神一致,可见人同此心。最著名的是《圣经》的金规则,还有孔子的"一言终生"原则,都是"己所不欲勿施于人"的意思,代表了古人的深刻直观。康德对不够纯粹因而可能屈服于欲望或利益算计的金规则并不满意，他试图从自由意志中推出与功利和欲望无关的纯粹公式，即绝对命令。康德公式的确是纯粹的，可问题是，道德要处理的对象正是不纯粹的生活而不是抽象领域，因此，纯粹性或绝对性对于生活问题反而变成了缺点。

我非常敬佩康德，但实话实说，康德公式不及金规则。无论《圣经》的金规则还是孔子的金规则，都是基于人类长期生活经验和复杂人际关系之上对秩序有效性和理性均衡的洞察，相比之下，康德公式的纯粹性却透露了对人性的过高期望以及对生活的复杂性缺乏理解。尤其是绝对命令背后的深度原则"人是目的"（每个人无论何时何地都是目的），可能是自古以来最美好的理想主义命题，但也是脱离事实而做不到的原则，虽是逻辑上的一个真命题，同时也是经验上的伪命题。每个人都只能偶尔或把

有限的某些人当成目的（因此有崇高无私的牺牲），
而在大多数情况下只能把大多数人当成手段，否则
甚至无法生存，这才是生活真相。按照理想主义，
我们可以批评真实生活是坏的，但人性是无法改变
的给定事实，所以生活总是好坏搭配，未见例外。
理想主义如果是可行的，必须同时是现实主义，现
实主义如果是有意义的，必须同时是理想主义。

不过，传统的金规则确有一个严重漏洞，即以
"我"为准，因此并非中立原则，其中蕴含着自我主
义的危险。以我为准所以不可行，是因为道德原则
的生效条件是相互对称关系，不是单边关系，就是
说，仅仅满足普遍性的要求是不够的，普遍性必须
同时是对称性（symmetry）或互成性（reciprocity）
才能生效。以"我"为准的建议并非必然对他人同
样好，非常可能遭遇"他人不同意"，因此，金规则
必须替换为以"他人"为准的格式。要害在于，"他
人"的拒绝权才能蕴含对称的普遍权利，以此为准

才能形成普遍原则。因此，我把传统的金规则"己所不欲勿施于人"改为"人所不欲勿施于人"，一字之差，却是活棋的唯一眼位，是为新金规则。但愿孔子对此修改会满意。如此推测并非没有根据，孔子的仁在逻辑上蕴含了对称的相互关系，可见孔子已经意识到了对称性或互成性。

"他人不同意"是人类生活中所有分歧、对立、冲突乃至战争的存在论根源。生存需要、利益、欲望、情感、意志、信仰、价值观，如此多不确定、不稳定和不可测因素决定了哲学无法胜任"必然性哲学"（philosophy of necessity）而只能是"可能性哲学"（philosophy of possibilities）。必然性哲学的有效对象是逻辑、数学和科学，但逻辑、数学和科学自己有能力定义必然性，是否还需要哲学的帮助却是个疑问（霍金就认为不需要）。可能性哲学是政治哲学、伦理学、历史哲学以及所有人文和社会科学所需要的形而上学基础，人类的所有行为都在不确定的复数可能性之中展开，都有不可测的未来性，没有必然答案，但这并不意味着相对主义或悲观主义，我们仍然可以寻求最优可能性。

可能性并不是自然给定的，而是人类的发明。自然本身只有必然性（这一点略有疑问，必然性或许只是逻辑和数学的性质）、偶然性、或然性或不确定性，但自然本身并没有作为自由选项的可能性。必然性或偶然性都不可选择，与自由无关，而可能性是自由选项，是人在选择未来时遇到的存在论岔路口——恐怕有的人会像"布里丹之驴"那样死于患得患失——选择可能世界或可能生活可以成为生死选择。不过，自由只是问题的一面，他人不同意才是更严重的另一面。假如可能性只是个人自由的函数，人人各得其所，问题就简单了，甚至问题消失了。这是现代主体性哲学的梦想，也是幻想。现代哲学试图以自由的主体性来建立必然性——所以现代哲学属于必然性哲学——但这在存在论上是不可能的，原因简单到令人气愤：他人不同意。然而正是这个简单原因导致了无比复杂的人类生活以及至今无解的分歧、冲突和战争问题。

可能性的发明是无中生有的发明，其实质是发明了可能世界的无穷集合，所以是惊天动地的存在论问题。如前所言，可能性的发明来自一个最伟大的"存在论事件"：否定词的发明。只要发明了否定词，思想空间就裂变为无穷多的可能性或可能世界的无穷集合，当然，受到给定条件的约束，实际情况只是复数可能性的有限集合。否定词的发明造成了时间分叉中对可能世界或可能生活的选择以及由此而来的一切分歧、冲突和战争，所以是一个货真价实的存在论事件。否定词创造的可能世界或可能生活是可以实现落实的，因此也是一个精神变物质的真实事件。

可能性哲学需要研究的问题很多，以政治、伦理和历史问题最为重要。《坏世界研究》（2009）是一本结构古怪的政治哲学，有人说古怪，我自己也觉得有点古怪。这本书不是政治哲学史，但多少有些不太准确的历史顺序，也不是对各种政治哲学理论的综述，而只选择了某些理论。解释一下，这本书的结构之所以有些古怪，是因为试用了一种新的写作方式，然而叙事能力跟不上。隐藏在叙事结构背后是一些相关问题组成的结构，一些在我看来特别重要的政治哲学问题，有些是古代人提出来的，有些是现代社会提出来的，还有当代生活提出来的，但肯定不是关于政治哲学的哲学史式罗列，有许多问题并没有被列入讨论。我对问题的选择标准是那些不管产生于什么时代然而始终在场而且不太可能退场的问题，即始终具有当代性或始终具有本源性的问题。对问题的选择是开源的，或来自哲学家的纸上谈兵，或来自真实世界，其共性是，都是"坏世界"的症状。

其中我想以对罗尔斯问题的分析为例来解释理

解政治的一个基本思路。罗尔斯的"无知之幕"影响巨大，但其问题以及答案都比较可疑，对政治问题是一种深刻的误导。"无知之幕"是霍布斯的自然状态之后最有名的"初始状态"理论，罗尔斯假设了一个并不存在的实验状态，试图考察在"真正公平的"条件下人们是否会必然选择公正的结果。罗尔斯第一次把博弈论引入哲学，这很了不起，但"无知之幕"是一个掩盖了真实问题的假问题，实质是每个人被迫赌博，而且是盲赌。除非迫不得已，人们不会进行盲赌，只会进行知情赌博。"盲赌"无法解释真实生活的任何重要问题。进而，按照博弈理性尤其是风险规避原则，无知之幕的最优解应该是最安全的无忧解，即人人平均利益的"蛋糕解"，是一个有共产主义倾向的理性解，而不是罗尔斯心仪的自由平等主义解。这里有个秘密：只要追求平等，即使反对共产主义，也很难超越共产主义的论域，因为共产主义已经定义了平等的极大值。罗尔斯为了捍卫自由主义信念而选择了一个不能充分表达博弈理性的解。

为了分析政治原点，我重构了一个具有"逼真度"的初始状态模型。逼真度的意思是，由于有限思维能力处理不了无穷多的变量，只好牺牲复杂度，因此理论模型只能把问题简单化，但如果设置得当，就仍然能够"大致保值"地建立与真实问题之间的映射，至少保证真实世界里最重要的博弈问题都在场，没有被省略，这就具有逼真度了。复述这个模型太啰嗦，简单地说，我选择荀子和霍布斯条件作为混合假设，于是覆盖了群体内部和群体对外的问题，建立了内外无遗漏的问题域，加上艾克斯罗德的演化博弈论作为动态维度，然后另外设置了无限定的博弈策略，即允许不择手段，这样就把所有可能策略一网打尽，这个初始状态模型也就达到了分析能力的最大化。我相信这个"无附加条件"的博弈优于其他博弈模型，理由是，普遍有效性意味着必须把所有可能世界考虑在内，即从"最坏可能世界"到"最好可能世界"的全部可能性都被计算在内。增加一个附加条件（比如"无知之幕"）就等于删除了部分可能性，也就失去了普遍性。在演算时，"最好可能世界"可以省略，因为那是目标，不是初始条件，因此只需把"最坏可能世界"计算在内就足以表达真实世界的问题，在此可见荀子和霍布斯的真知灼见。

在此设置下，我设计了"模仿测试"的博弈过程，在此省略推演过程，总之结果有两个均衡解：（1）博弈各方的敌意策略演化到对等，形成敌对均衡；（2）博弈各方的善意策略形成合作均衡。敌对均衡是对于任何一方都无利可图的僵局，收益小于成本，最终导致自我挫败，因此，尽管在博弈论上属于一个理性解，而且在实际斗争中有时是唯一选项，但在哲学上却是一个取消了未来而自绝前途的非理性解——堵死前途是非理性的——因而不可取。

合作均衡则皆大欢喜，可以达到客观条件允许范围内的最好可能世界，因此在博弈论和哲学上都是稳定的理性解，即最优解，是唯一经得起普遍模仿而不会导致自我挫败的解。

由此获得三个命题：（1）**政治是化敌为友的艺术**。把政治理解为权力斗争，或把战争理解为政治的延续，都是错误的，因为本质上无非战争而已。假如政治的实质等于战争，政治又有何用？政治就是多此一举了。因此，只有能够化敌为友，政治才有意义。《周易》所言"垂衣裳而天下治"是天才预见，意思是，政治是以非暴力方式来建立秩序；（2）**"孔子改善"是政治和经济的最优解**。定义为：如果一个人获得利益改善，当且仅当，所有人同时获得利益改善。"孔子改善"的效果等价于全体普遍的"帕累托改进"，即，如果一个人获得帕累托改进，当且仅当，每个人同时获得帕累托改进。可见，"孔子改善"优于"帕累托改进"，并且消除了"帕累托改进"的不公正或不平等短板;(3)**共在先于**_存在_。意思是,没有一种存在能够在共在状态之外存在,或,任何一种存在都以共在为前提而得以存在,因此,共在是存在的**先验条件**。

这个政治哲学思路也用在天下理论中。"坏世界"理论和天下理论是同时进行的研究,都始于90年代后期。天下概念是古代的政治理想,甚至在周朝有过象征性的实践。古代虽有天下概念,却没有成为一个理论,有个原因,古代中国思想基本上止于"大约理解"的概念或意象,然后把问题留给实践,在特定语境中灵活运用。偏重活学活用就会倾向于忽视理论化。不过古代社会的问题相对简单,而且有着相当普遍的价值共识,很少有原则争论,比较困难的事情都属于技术细节,因此,缺乏理论并不构成严重缺陷。但在当代状态里,缺乏理论就意味着缺乏普遍性和建构性的原则,缺乏普遍合理的论证,精神世界就无以立了。我试图把天下概念重新建构为一个普遍性的理论，以之说明世界可能需要的一种未来普遍秩序，称为"天下体系"。《天下体系》（2005）一书是简单的导论，实为 2000 年和 2001 年的两篇英文论文改写而成。天下理论得到许多讨论和批评，因此我有机会反复思考其中的问题，经过多年的改进和推进，尽管漏洞恐怕永远改不完，但《天下的当代性》（2016）是相对完整的理论论述。

提出天下理论有个契机，这要感谢亨廷顿。在亨廷顿之前，对于大尺度的超国家的政治问题，我一直相信康德的"永久和平"理论已经足够好了，至少没有更好的。亨廷顿的"文明冲突"论提出了石破天惊的难题，使我意识到康德理论的局限性。康德理论只适用于有着高度相似的文化、制度、价值观和相同宗教的地区，显然对付不了亨廷顿问题。这意味着，康德理论只是一个地区理论，不是世界理论。世界政治理论必须要过亨廷顿这一关，首先至少在理论上能够解决亨廷顿问题，至于实践，那是后话。我意识到过去熟视无睹的天下概念暗含着一个未被开发的"理论"，一个真正的世界政治理论，同时也意识到一个长期视而不见的事实：世界至今不存在。作为政治事实，直到今天，只有国家，而尚无作为政治单位的世界，所谓世界只是无政府状态，是一个"非世界"。如果不解决世界无政府状态问题，世界将永无宁日，甚至毁灭。

天下体系的核心观念是三个"宪法性"的世界政治原则：（1）**世界内部化**。天下无外意味着覆盖全世界的政治—经济系统，从而消除负面外部性问题。理由是，负面外部性导致不可解的冲突，所以需要转化为系统内部问题；（2）**关系理性**，定义为：互相伤害最小化优先于排他利益最大化，即关系理性优先于个体理性。理由是，共在先于存在，只有共在才能存在，因此，有能力建构共在系统的关系理性就具有优先性；（3）**孔子改善**。定义如上：任何人获得改善，当且仅当，每个人获得改善。理由是，这个原则是建立具有鲁棒性（robust）的稳定合作秩序的唯一理性基础。

1999 年认识了法国人类学家阿兰·乐比雄，一个思想敏锐的人，他提出一个很有诱惑力的疑问，给了我从另一个角度反思中国文化的机缘。阿兰不相信有任何文化，比如中国文化，可以没有宗教（常有人对他说，中国文化的特点是没有宗教），他说，即使没有基督教那样的制度化宗教，也应该有宗教性或超越性，因为所有人都"难免"会想到关于超越性的问题——我承认这个理由很强劲——因此，他的问题是：中国文化里的超越性到底在哪里？什么样？当时我无法回答，但觉得这个问题的确需要一个回答。

现代以来，在对自身文化的反思中，有一种观点认为中国文化的缺点在于没有宗教，对此有多种回应：或主张引入基督教，但问题是难以兼容而可能适得其反地破坏自身的精神结构；或把民间迷信强行解释为宗教，然而迷信只不过是世俗欲望的表达，是真的没有超越性；或把儒家观点解释为"内在超越"以对抗神学的外在超越。这个观点有诱惑力，可还是有缺陷。超越性必须是外在性才具有超越主观性的绝对性和至上性，而内在超越很难超越主观性的局限性，其自由意志的极限力度也超不过康德的自主自律（autonomy），仍然达不到绝对而普遍的超越性，何况内在意识中最强大力量或许不是"理"而是"情"——这是李泽厚老师"情本体"的论点——因此，为身体、欲望和情感所拖累的内在之"理"恐怕难以达到在万物之上的超越性。心与天齐只是文学想象，不能把文学当成哲学。即便真有个别人大彻大悟，也只能证明"有的人大彻大悟"，却不能证明一个文化整体的特性。所以，以上这些解释都不合理。

阿兰的问题是对的，他认为中国文化如此复杂、丰富而深刻，肯定有其超越性的维度，只是他不知道在哪里，可笑地是，我也不知道在哪里。后来我给出了迟到 20 年的回答，写了两本涉及超越性的书，一本是和阿兰合著的《一神论的影子》(2019)，是共同的讨论，但法文版没有采用"影子"，据说法国出版社认为"影子"是个贬义词；另一本是《历史·山水·渔樵》(2019)，是对中国文化里的超越性的正面解释。

我发现了一个"秘密"：中国的超越性概念所以隐而不显，是因为其超越性的本体和现象是分离的，分隔两处，这或与自然实在被二分为天与地有关。超越的"天"是模糊概念，远而不显，如《左传》所谓"天道远，人道迩。非所及也，何以知之"；而近身之"地"展开的是埋没超越性的俗世生活。问题就在这里，超越的天是脱离现象的不可见本体，其超越性就只能以"量子纠缠"的方式遥远地传达到地上现象，借得可见的历史性而透露不可见的形

而上之道，同时，不可及的天道在脱俗而具有超越
品格的山水中落实为可及的"在地超越性"，又在识
得山水超越性的渔樵对历史的无休谈论中实现历史
性、在地性和超越性三者互相应答、互相注解的呼
应关系。不过，我并不相信我已经解密，恐怕还差
得远。

　　"历史—山水—渔樵"的循环互证关系在哲学问
题里难度不算大，但我的思考时间却较长，一度卡
顿在渔樵的神秘身份上。按推想，渔樵是通过山水
领会形而上之道而言说历史的"历史学家"，但渔樵
的这种特殊能力应该有个出身交代，这是个疑问。
有一天读到张文江先生的《渔樵象释》一文，他论
证了渔樵是原始文明之源，这赋予渔樵作为"最早
的哲学家"的资格，渔樵的特殊身份就说通了，于
是书中对渔樵的身份分析采用了张文江这个有神话
色彩的解释。"历史—山水—渔樵"只是历史哲学中
的一个局部问题。至于历史哲学的基本问题，难度

就很大了，还要慢慢思考。

感谢读者的耐心。

第二章

对工作的另一种反思：10个启发

如果要罗列哲学史上给我启发的哲学家们，恐怕必须说是绝大多数，那就无法罗列了。要是反过来列举少数几个几乎没有给我启发的哲学家，那就容易多了，但我不准备这样做，因为暂时没有启发不等于以后不受启发，这取决于思考到了什么问题以及问题如何推进。举个例子：过去很长时间里都不同情狄德罗的"浮夸"想法，但随着人工智能、互联网和生物技术的发展，突然意识到狄德罗或有先见之明，虽仍然不能同意"人是机器"，但将来或许要承认"机器是人"，此外还发现"百科全书"的概念蕴含着一个很重要的知识论方法。此类滞后的启发不少，都是因为曾经没有读懂某些思想。

在这里只是有选择地罗列 10 个对我最有意义的启发。这里所谓的"启发"只与我个人工作有关，是密切度的意思，不等于我心目中最好哲学家的列表，当然会有部分重叠。最好的哲学家自有公论，写在多种哲学史里了，不过各种哲学史对哲学家们的选择和评价有所出入。如依我的主观偏见，最伟大的哲学家首推亚里士多德，而不是柏拉图，也不是康德。亚里士多德发明了逻辑系统，只此一项成就的重要性就胜过每一个哲学家了，且不说亚里士多德还另有涉及众多领域的多项理论，每一项都是非常重要的成果。亚里士多德的成就如此之多，很难想象全部出自一人之力，如确为一人所为，真可谓"万夫不当之智"了。逻辑肯定是亚里士多德的发明，但其他理论里是否有部分是后继者的集体成果，就不得而知了。

话归正传，这里准备罗列的给我最多启发的哲学家们并不包括亚里士多德、柏拉图、康德、黑格尔等众望所归的最伟大哲学家，他们的理论给过我最好的思想训练，却不是最重要的启发，因为他们的理论做得太好了，虽非无懈可击，但有着很高的完成度，没有留出太多的余地，就是说，他们的工作做得太圆满了，以至于后继工作只能是同意他们的理论，或进行某些细节修补，或加以应用推广。当然，这些完成度很高的理论并没有排除哲学的其他可能路径，我并不同意柏拉图、康德、黑格尔等许多理论，而试图在另一个思想空间里工作，在相关地方也对柏拉图、康德和黑格尔有过批判，也许他们的理论可在另一种意义上理解为启发。其他许多具有很高完成度的理论也是如此。那些非常成熟的理论成为了哲学的永远路标，却不是尚未形成道路的思想田野。

如前所言，"启发"指的是相关度，即与所思考的问题或思路的相关度，这种相关性不是逻辑意义上的必然相关，而是"发散性"（discursive）或跳跃性的意义链接，未必是"正解"。链接只是某种可能的链接，没有必然性，所以启发的只是某种可能路径。以下我按照哲学家的时代顺序对我受到的 10 个主要启发加以简要说明。

1. 箕子的"九畴"，载于《尚书》之《洪范篇》，其中"稽疑"章节中的制度设想，对我思考民主理论是一个重要启发，后来我设想了一个"智慧民主"理论。不过，智慧民主理论与箕子思想之间有着很大的距离，其中有着并非必然的跳跃链接。毫无疑问，当代社会没有君主制和贵族，条件有了本质差异，但箕子的制度设计里的"天算"和"人算"共同作证的公共选择却蕴含一个或许最逼近公正的技术结构，我将其转换为"双票两轮"的投票制度，试图使公共选择的制度具有属于制度本身的智商，是为"智慧民主"。细节不述。

2. 老子和管子的政治方法论，特别是"以家为乡，乡不可为也。以乡为国，国不可为也。以国为天下，天下不可为也。以家为家，以乡为乡，以国为国，以天下为天下"（《管子·牧民》）和"以身观身，以家观家，以乡观乡，以国观国，以天下观天下"（《道德经·五十四章》）这两个相似的命题。从人物的年代看，管子早于老子，但如以文本为准，则《道德经》应该早于《管子》，虽然都是经过后人编辑的著作，但管子的书似乎完成于战国晚期。这两个命题蕴含的政治方法论对我创作"天下体系"理论有着重要意义，其中最重要的不在天下的政治概念，而在于其所蕴含的对事物分层理解的方法论，这是一个普遍有效的方法论，远不止可用于天下理论。

其实，在创作天下体系理论的数年前，我最早将其理解为一个知识论的方法论，可概括为"以 x 为准去理解 x"，即要以与 x 的尺度相匹配的概念来理解 x，才能恰当解释 x。这个方法论也称为"无立场"。用于理解事物的"概念格式"(conceptual scheme)或在理解各种事物时统一使用的一套概念或"范式",有可能形成对事物的误读,因此,更合适的方法论是以事物的尺度为尺度去理解事物,即理解事物 x 的概念格式必须以 x 为限度来加以建构,而不能预先设定某种一概而论的范式。这种无立场的方法论的原则是"万物是人的尺度",与传统所谓的"人是万物的尺度"相反。这同时也可理解为对先验论的一个侧面质疑——不算完全质疑,因为先验论有一定的解释弹性,比如"以 x 为准去理解 x"这条"老子原则"也似乎可以理解为一条先验原则。

3.孔子原则,特别是"己欲立而立人,己欲达而达人"。孔子有若干原则,另一条最知名的是"己所不欲勿施于人",通常被认为等价于《圣经》的金规则。道德的金规则一直充当伦理的元规则,康德不满意金规则,因为不是出于纯粹自由意志的普遍理性原则,于是康德另外定义了绝对命令。我也认为金规则有漏洞，但理由有所不同，问题恐怕不在于是否出于自由意志，而在于金规则或孔子的"己所不欲勿施于人"原则都是单边自由意志，即以我为准的自由意志。自由意志的单边性在实践理性中是无效的，因为他人可能不同意。只要无法排除"他人不同意"的情况，那么无论什么样的自由意志都不可能建立普遍有效的道德原则。

仁的概念的深刻之处就在于把他人的互动性考虑在内，虽然"己所不欲勿施于人"这条原则是单边性的，但"己欲立而立人，己欲达而达人"这条原则却蕴含了他人的对等地位。"己欲立而立人，己欲达而达人"承认了实践对等性，却仍然没有在存在论上建立对等地位，这是最后剩下的理论漏洞了。于是我做了一个改进，把命题主语从"我"替换为"他人"，定义了伦理的一个新的元规则（新的金规则）："人所不欲勿施于人。"此外还为"己欲立而立人，己欲达而达人"赋予一个在经济学上可衡量的实践指标（如果在经济学上不可落实的，就只是宣传），将其重新定义为**"孔子改善"**（Confucian Improvement）：**任何个人得到利益改善，当且仅当，所有人都得到利益改善**。即对一切人无例外的利益改善，因此优于帕累托改进。换句话说，孔子改善等价于**一切人或每个人**同时实现帕累托改进。

4. 德尔图良的信仰原则"不可理喻所以相信"，通常译为"荒谬所以相信"，这个译法会导致误解。absurdum 译为"荒谬的"不太准确，"荒谬的"不是本义，而是衍生义，还是个贬义词，就离谱了。德尔图良使用 absurdum 来解释耶稣的神迹，显然不是贬义，在这个语境里应该是褒义才对。这个词的本义是"在理性上无法理解"，译为"不可理喻"或"不可思议"可能比较符合原意。德尔图良举出的具体例子是，耶稣作为上帝之子，是不会死的，事实上却死了，既然死了，却又复活了，这两件事情都是按照理性无法理解的，却是真实的，所以是

absurdum。

德尔图良提出的是一个深刻问题：理性能力是有限的，不足以理解上帝的创造和世界万物的理由，也不能理解神奇的事情，因此，信仰高于思想，在理性能力之外的事情就只能相信。德尔图良问题触及了信仰的根本性质，给出了信仰的最强理由。不过，absurdum 的情况并不能必然推出信仰的合理性，因为 absurdum 有两个解：一个是德尔图良推荐的信仰；另一个是哲学的解：不可理喻的事情是假的，并不存在，因为 absurdum 的事情缺乏可以保值的无疑证据（evidence），无法重复验证，仅仅是一种解释，而任何一种解释都无法抵抗怀疑论。反驳德尔图良并不很难，却引发了另一个重要问题：信仰在知识论上是劣势的，甚至没有任何知识论的理由，于是，相信非理性的事物就必定需要某种绝对强劲的理由，即对于人们来说几乎不可拒绝的理由，那么，那会是什么样的理由？我想过许多理由，心理学的，社会学的或政治学的，都不是充分理由，至今想不明白。帕斯卡尔给出过一个经济学或博弈论的理由，是逻辑上最合理的理由，但却是精神上的最差理由，信仰是精神事件，不可能还原为"商业的"计较。在精神世界里，"相信"和"知道"是两个并列重要的问题，都是绕不过去的问题。我们知道如何知道，但仍然不知道为何相信。

5. 笛卡儿的"我思故我在"是触发我思考第一哲学的出发点。笛卡儿的"我思"（cogito）人尽皆知，在此不论。应该说，"我思"是哲学的一个最有力的出发点，康德和胡塞尔都在这个道路上，大多数哲学理论都基于"我思"这个基石。但"我思"的最大解释范围止步于两个地方：外部存在（外部世界）和将来时态的存在（未来），就是说，外部性和未来性是"我思"无法决定的事情，因此，"我思"虽然伟大，却仍然不是哲学的最优出发点。因此我找到内含"我思"而超出"我思"的"我行"

（facio）来作为哲学的出发点，以"我行故我在"（facio ergo sum）作为基本命题（仿笛卡儿句型）。facio几乎可以通达所有哲学问题，因此在通行能力上比cogito强了许多。需要稍加解释的是，facio比"我行"的含义更多一些，兼有"行"（do）和"作"（make）的双重含义，这是我为什么使用facio这个拉丁词的原因。正是通过对"我思"的反思，我重新发现《周易》关于"作"的问题意识以及儒家关于"行"的问题意识，这两者需要统一起来，facio正是一个能够把"行"与"作"统一起来的概念。关于facio的更大解释力，我已经给出了分析和论证，在此省略。

6.莱布尼茨定义了"可能世界"的概念，这个概念不仅对于逻辑学非常重要，对于哲学也同样重要，是一个非常优越的分析工具。莱布尼茨在推测上帝创世之心时"替上帝"定义了"最好可能世界"，他以纯粹逻辑和存在论的理由给出了天才的定义：一个同时满足"最丰富性"和"共可能性"（com-possibility）的世界，即在共可能的约束条件下达到最大丰富性的世界，就是最好可能世界。这个标准被我用于分析天下体系，我试图论证，天下体系定义的未来世界至少在原则上能够满足共可能的约束条件下的最大丰富性。有趣的是，先秦的天下概念的本义，即全世界一切人的共在秩序，与莱布尼茨标准惊人地巧合，所以借用莱布尼茨理论为天下概念提供了一个逻辑和存在论的证明。

7. 维科与莱布尼茨差不多是同时代人，他关心的是历史而不是逻辑。在欧洲，维科大概算是历史哲学的最早研究者。欧洲很早就开始了对数学和逻辑的哲学反思，但对历史的哲学反思却比较晚，至少与中国相比就比较晚了。按章学诚的解释，六经皆史。准确地说，六经中除了《春秋》是严格意义上的历史，其他的只是包含了某些历史叙事，但却都是历史哲学，这是六经的深刻之处。这似乎意味着，欧洲开始反思逻辑和数学时，中国却开始反思历史。

维科从反对笛卡儿而发现一个重要原理："成真即成事"（verum esse ipsum factum），意思是，"所成"就证明了"为真"。通常译为"真理即创造"，句式优美，但意义有些偏差。verum 包括所有真实的事情，既是知识论上的真理（truth），也是实践上的真实性（reality），就是说，不仅是"真的理"，而且是"真的实"。我也曾经贪图方便将其译为"真理"，在此改正。factum 是被做成的事情，当然包括被创造的事情，但主要包括一般行为的结果，即所成之事。真正的"创造"并没有那么多。

我选择统一了"行为"和"创作"的 facio 来作为哲学出发点，问题的思路主要来自对《周易》关于"作"和儒家关于"行"的思想的重新解释，但选择以 facio 一词来概括"行 + 作"，却是借用了维科的 factum。维科哲学与先秦哲学在思路上有不少相似之见，以"成事"来理解事理，就是其中特别有意义的一个契合点，不过这种相似性只是"略同"。维科试图通过 factum 来发现的 verum 属于知识论，即由所成之事来发现其中的必然原因，就是说，维科问题仍然属于必然性的问题，这是欧洲哲学的传统。在我看来，必然性其实是属于逻辑、数学和科学的问题，哲学无法思考必然性，只能思考可能性，哲学问题出现在可能性与真实性之间。在此就与维科分道扬镳了。假如追问必然性，关于 factum 的实践哲学恐怕难以超越笛卡儿和康德的先验论，所以我把可能性定位为 facio 的实践对象。复数的可能性，即复数的未来，才是真正超越了必然性的"创作"问题，也是人的创作何以能够成为存在论上的本源的理由。

8. 休谟的哲学或许不是哲学中最伟大的理论，却是我特别羡慕的那种成就。在严格意义上，哲学从来没有彻底解决过任何一个哲学问题，因此几乎没有一个哲学命题是绝对真理，而休谟的两个怀疑论命题却似乎是例外，似乎真的是真理，至少至今无法证明不是真理，真的令人佩服。我疑心只有怀疑论命题能够达到哲学真理，而建构性的命题就很难了。

实然（to be）推不出应然（ought to be），这个命题对于所有的价值论断都是釜底抽薪。假如找不到实然的理由，价值判断就是全然主观的，而比主观性更恐怖的是，价值冲突就变成无解问题了。我试图在实然中去寻找突破休谟问题的可能性，相信找到了一个，即"共在"可以必然推论出某些合作性的价值。这个论证的核心是设计了模仿测试的博弈分析，虽然只能证明很少几种合作性的价值，仍然无法证明所有的价值，但聊胜于无。休谟问题之所以无解，是因为存在论的设定有问题，通常默认所有实然状态都是个体存在，这个设定在存在论上是错误的，我论证了"共在先于存在"的存在论初始性。

休谟的另一个命题是，过往推不出未来，也可以说，过去不是未来的充分原因。这个命题不仅说明了人类不可能对人类行为建立充分的因果理解或知识，还说明了人类的存在事实是历史性的，不存在终极目的，或者，即使存在终极目的，也永远不可能知道，因此不可能预知历史的终结。我完全同意这个命题，并且用于解释历史哲学的问题。

9. 对维特根斯坦的哲学，无论其早期哲学还是后期哲学，从逻辑哲学、数学哲学、游戏论到伦理学甚至美学的论点，我都有太多的认同。我相信维特根斯坦的"游戏"理论是最好的哲学方法之一，其重要性不亚于博弈论。我也相信维特根斯坦把大多数伦理学问题化归为遵循规则的问题是对的，只有超越了规则（规范）的解释能力的事情才是真正的伦理学问题。如此等等。但也有一些疑问，比如说，在知识论意义上"不可说的"的那些问题，恐怕不等于不能理性地讨论，或者说，思想的界限不等于知识的界限，超越了知识的问题仍然是思想问题，知识的基础就是一些非知识性的思想。我疑心思想的界限、知识的界限和语言的界限三者并不一致，但到底是什么关系，我没有想清楚。

维特根斯坦这样的天才思维太快，开发的问题和思想很多，以至于大多数思想的完成度不太高，事实上除了《逻辑哲学论》，其他所有作品都是半成品，这意味着，他开拓的思想空间都有很大的推进发展余地。我从维特根斯坦那里学到许多，尤其是方法论，不过我关心的许多问题却是维特根斯坦不讨论或很少涉及的，比如存在论的本源问题、政治哲学和历史哲学的问题。

10. 蒯因的"存在论承诺"是对"存在"的一个技术性的表述，似乎没有关于存在更好的技术性表述。提到蒯因而不提罗素，恐怕不公正，蒯因的存在论承诺是从罗素的摹状词理论化出来的。罗素的摹状词（description）理论讨论的是一个知识论问题，大概是说，如果对 x 的描述缺乏经验证据，那么，被描述的对象在事实上为空集，我们就不能承认 x 的存在，关于 x 的命题就没有真值，也就无意义。这个知识论的标准驱逐了所有的形而上学对象，杀伤力太大，其结果等于我们不能讨论任何哲学问题了，因为所有哲学问题都涉及形而上学的假设，甚至科学和逻辑都必需预设某些形而上学概念。可见拒斥形而上学是行不通的。

蒯因的存在论承诺却无形中为形而上学留出了"后门"，表述为：存在就是作为约束变量的一个值（to be is to be a value of bound variables），换句话说，没有可识别的身份，就没有存在者（no identity, no entity）。蒯因只是对罗素的改进，是以存在论的条件来分析知识论的问题，仍然试图建立有效知识对象的标准，但其副作用是给形而上学留出了后门——也许是我误读，但实际效果就是这样的。比如说，如果约束变量定义了一种非实在的对象，虽然不能成为经验知识的对象，但仍然是思想对象，可以在某个可能世界里（比如文学的可能世界，科幻的可能世界，或抽象的数学可能世界，等等）被讨论。事实上，真实世界的意义落点经常是其他可能世界，如果没有足够丰富的可能世界，思想和精神大概都消失了。蒯因把存在论命题化为一个函数，这是我最感兴趣的地方，因此我想说，思想即函数，或者，如果思想的命题不能表述为一个函数，就无法确定其意义。希望这个断言不会太过分。

写到这里，我忽然意识到，我获得的思想启发恐怕有一半并非来自哲学，而是来自许多学科，包括人类学、历史学、博弈论、数学、物理学、经济学、心理学、语言学等，尽管我经常读不懂这些学科里的专业知识，但结果确实受到了"启发"，能不能说，但愿不是误读。我想特别提到博尔赫斯，他是个伟大的哲学家——当然他是个伟大的作家——

他在小说里提出许多难以置信的哲学问题，多半会难倒我，智力受到了挑战。我不敢说从博尔赫斯那里学到了什么，感觉似乎学到不少，但说不出学到了什么。

第三章

给我一个支点：第一哲学转向

——访赵汀阳之一

主持人：您之前研究伦理学（如《论可能生活》）和政治哲学（如《天下体系》），《坏世界研究》的副标题即是"作为第一哲学的政治哲学"。现在您的研究呈现出转向形而上学的趋势，如《第一哲学的支点》的主旨便是讨论形而上学问题，当然其中仍不乏对伦理学和政治哲学问题的讨论。请问在您的观念里，"第一哲学"究竟是指什么，包括哪些方面？您在《第一哲学的支点》"导言"中提到"现代所理解的第一哲学有着更强劲的'第一性'"，即"检查并论证什么样的哲学道路才是最好的道路"，这是您现在对"第一哲学"的理解吗？

赵汀阳："第一哲学"是西方哲学的一个传统说法，其所指却是人类思想都会遭遇到的思想"奠基"问题，只是各处的说法不同而已，比如说，大概相当于中国思想所求的万事之"本"或者"大道"。"第一哲学"的问题就是思想出发点的问题。思想可以选择不同的出发点，这意味着思想有着多种可行之道，每种道路都有各自的道理以及各自的境遇，路径不同，风景不同，难处也不同。在"第一哲学"的出发点上进行选择，只是试图发现一条能够通向更多可能性的道路，或者说，一个能够更充分通达所有哲学问题的出发点。尽管人们试图发现能够覆盖所有哲学问题的出发点，但事实上难以做到，或许本来就没有最好的出发点，只有蕴含着更丰富可通达性的出发点。

"第一哲学"的选择有过多种变化。亚里士多德式的"第一哲学"是关于万物根据的经典形而上学，视野最为宏大，等价于"神"的视野。但这种视野无法被证明，只是纯粹概念上的推想，与其说是对"存在"的理解，还不如说是概念的自我理解。黑格尔哲学就典型地表现了这种概念的自我解释方式。概念的自我解释是一种自相关（self-reference），这意味着它只是一种自我循环，而没有能力解释概念之外的问题，因此，有关"存在"的真实问题始终尚未被触及。笛卡儿开始的现代形而上学以知识论视野为"第一哲学"，之所以"更强劲"，就在于"我思"是个可确证的出发点，并且，"我思"具有强大视野，几乎所有的知识问题都在"我思"的视野范围内。但"我思"也有力所不及的地方，"我思"所能够确实解释的事情局限于现在完成时的存在，而对作为未来的存在无话可说，于是，"我思"的问题幅度小于"存在"的问题幅度。这是我重新思考"第一哲学"的理由，也是把"第一哲学"重新落实在存在论上的理由，但不是回归古典的形而上学，而是由"观者"提出的"我思"（cogito）问题走向由"作者"提出的"我行"（facio）问题。人是生活的作者，也就是历史的作者和未来的作者。

还有一些其他类型的"第一哲学"，例如列维纳斯把伦理学看作"第一哲学"，因为生命是最重要的存在问题，顾及自己的生命不成问题，而顾及他人的生命则是大问题；列奥·施特劳斯提出政治哲学是"第一哲学"，但把政治哲学做成"第一哲学"的真正推手应该是霍布斯、马克思和罗尔斯。这两种"第一哲学"的选择根据不是问题的覆盖面，而是问题的尖锐度。显然，伦理学和政治哲学只能覆盖一部分哲学问题，然而伦理学和政治哲学的问题足够尖锐，而且迫切。

主持人：您何以在伦理学和政治哲学研究后转向形而上学？当您设定一个初始状态，由此推出演化状态时，您是否认为存在论优先于伦理学和政治哲学？

赵汀阳：哲学的各种问题之间不存在何者更优的比较，无论缺少哪种问题都等于失去了对生活的部分思考。您所看到的"转向"只是跟随道路分叉而转向。就理论的逻辑而言，哲学的各种问题终究汇集到形而上学问题上去，因为，无论什么样的哲学，都自觉地或不自觉地承诺了某种形而上学作为基本假设，特别是存在论，它是一种再无退路的解释，因此适合成为最终解释。假如伦理学或政治哲学的断言不能获得存在论的解释，就缺乏落地根据，就仅仅是作为主观意见（doxa）的意识形态，无论它是神学意识形态还是政治意识形态，都只是未经证明的信念。哲学无法相信任何一种意识形态。

我思考的一个问题是：假如休谟所言为真，在任何情况下，实然都推不出应然（to be 推不出 ought to be），那么，哲学基本上就可以休矣。因为那样的话，to be 就不再指向任何需要思考的问题了。显然，纯粹的 to be 只能推出它的重言式，还是 to be，也就是说，事物是这样的，只能推出"事物是这样的"，无它，因此 to be 不成其为问题。进一步，失去了存在论理由的 ought to be 也就构不成值得争辩的问题，因为，不以 to be 为根据的 ought to be 仅仅是主观偏好的约定，任何一种价值选择都有等价的理由，无可争论，问题因此消失了。所以，我试图在人的存在方式这样一种约束条件下去寻找存在蕴含价值的秘密，这样的话，所有哲学问题就确实是值得思考的问题了。

休谟问题是釜底抽薪，因此休谟问题也是先前许多哲学家的困惑。康德的伦理学从根本上说也是想解决这个问题，以免道德沦落为欲望。康德试图在自由意志中找到道德的普遍基础，从而使道德摆脱对 to be 的普遍性的依赖。康德的努力是个创举，它使伦理学获得了深度，但没有能够解释生存和历史性，因此终究没有能够解释人类的存在问题。维特根斯坦也思考过这个问题，他的解决方式是承认伦理问题大多数属于处理生活事务的规则问题，同时对那些根本性的道德问题采取一种神学的恭敬态度，恰如孔子畏天命而不言。这使伦理学获得了更深的深度，但同样不能解释人的存在问题。简单地说，无论是康德还是维特根斯坦，他们的哲学如此深刻，却没有解释存在有何意义，或者何种存在方式能够落实存在的意图。这也许是因为西方现代哲学只把"思"（mind）的问题留在哲学里，而把"心"（heart）的问题和存在的问题都慷慨地留给了神学或信仰，因此，存在论问题始终不能超越神学态度。我的努力是，让存在论自己回答存在论的问题，或者说，让存在论仅仅在存在论之中去回答存在论的问题。

主持人：您提出哲学发展三段论，从笛卡儿的"我思"（cogito），到海德格尔的"我忧"（curo），到赵汀阳的"我行"（facio），这是否意味着世界哲学将发生一场回到中国传统的革命呢？

赵汀阳：从"我思""我忧"到"我行"，只是一条问题线索而已。哲学有许多问题线索，这取决于不同的思考方向，在哲学自由思考的广阔土地上，有许多可能之路、许多可能的线索。而"我思、我忧到我行"这样一个线索就是为了寻找一个解释人的存在论问题的出发点。

我试图论证的是，除非人的存在论同时是一种创世论，否则无法解释人的存在的历史性和存在的意图。而如果人的存在论同时是一种创世论，也就解释了人的存在是如何生成价值问题的，也就是说，在人的存在方式这样特殊的约束条件下去解释 to be 如何生成 ought to be 的问题。这虽然不能完全解决休谟问题，但也是一个有条件的解决。假如说神的创世论解释了物质世界（当然，哲学并不真的需要这个假设，也可以把神的假设替换为自然存在），那么，人的创世论要解释的是历史性存在的存在意图。

对于人来说，创世就是创造历史。这意味着，人是作为生活作者（maker）而存在的，于是，人的存在意图超出了 to be 的重言式，有意义，有生活，有历史。也就是说，人的存在并非仅仅"在之"（to be is more than to be as it is），而是"在而为"（to be is to do）。因此，"第一哲学"的出发点就是"我行故我在"（facio ergo sum），这个出发点对于存在意图的解释力强过"我思故我在"（cogito ergo sum），因为存在是做出来的，而不是想出来的。人的存在的核心问题是未来之未来性，未来是存在不可知的另一半，因此，未来只能是一个创作对象，在这个意义上，"我行"必定同时是对生活的"创作"（creo）。

使用 facio 这个拉丁词汇的一个考虑是向笛卡儿的 cogito 致敬，也向维科的 factum 致敬，他们的工作引导我去思考存在论问题；另一个考虑是，facio 几乎是古汉语"行"的完美对应词汇。facio 同时含有 to do 和 to make 的意思，既表达了行为的主动性，也表达了行为的创作性。我曾经与法国学者谈到选择 facio 而没有选择另一个表达行为的拉丁词 ago 的理由，因为 ago 仅仅表达了 to act，却没有表达出 to make，因此不足以表达"行"。

以"我行"作为存在论出发点，其中的中国思想背景资源是一目了然的。几乎所有中国古代思想家都是以"行"的问题去展开思考的，但他们大多从伦理学或政治学的角度去思考行为。如果说到中国古代思想中最接近以存在论的角度去思考"行"的努力，我愿意举出《易经》和《道德经》。能够以当代哲学的方式去重新思考古人早就注目的"行"的问题，这是一件愉悦的工作。没有想过是不是"革命"，也不必是"革命"。继古思以新思，不亦乐乎。

主持人：正如您所说"'我行'是对生活的'创作'"，而生活是直接关涉到"人"的世界的问题。

就此而言，您所谓"人"的四个世界（物的世界 T、语言的世界 L、所思的世界 C、事的世界 F）之间是什么关系呢？是同一世界的不同面向，还是我们不同视角所构造的视域？

赵汀阳：其实就是为了看清楚问题的一种划分而已，所谓"面向"或"视角"，是同一件事情。

主持人：我们理解您的中心思想，是所谓存在论换位，即由"是"（to be）换位为"做"（to do），由"物的世界"换位为"事的世界"，由"事物存在论"换位为"事情存在论"。那么，这种存在论换位意味着什么？

赵汀阳：存在论换位试图把在一个世界中无法解释的问题转换到另一个世界中去解释，也可以说是把在一个维度中无法理解的事情转换到另一个维度中去理解。存在论换位可以类比为场面的切换，这种切换基于这样的可能性：一个问题的谜底有时候并不在这个问题所在的领域中，而很可能落在别处，就像海盗不会把财宝和钥匙藏在同一个地方。我这个意识来自许多故事的触动。有一个用来描写唯心论的故事说：一个人丢了钥匙，始终在路灯下寻找，旁人问他为何如此执着，他回答，钥匙或许会落在别处，可问题是，路灯下是唯一能够寻找的地方。这是一个貌似符合理性的行为，却缺乏想象力。我们必须意识到，理性所能解决的问题是有限的。假如不许增加条件，没有手电筒之类，那么也许不妨想想：为什么非要找到钥匙？如果解决不了问题，为什么不能干脆改变问题？比如说，为什么不能破门而入？这样，钥匙就不再是个问题。真实故事也不少，如果没有记错的话，当年有个数学家无法以数论的方式解决费马问题，结果通过椭圆几何方程解决了费马问题。请不要忽视别的领域，那里也许就有苦求不得的答案。

就存在论问题而言，一切事情都发生在"物的世界"里，但是，"物的世界"还包含着一个无法还原为"物的世界"（the world of things）的"事的世界"（the world of facts），那是一个由"行"去生成的世界、一个永远半在未来中的世界、一个无法预先定义的世界。"事的世界"的未来由可能性所构成，也就是说，未来超越了必然性，因此，"事的世界"是一个以可能性作为问题的世界，而不是一个以必然性作为原则的世界。"事的世界"的存在论问题无法表达为"如其所是"（to be as it is）的格式，而只能表达为"将如所为"（to be as it will be made）。存在论问题改变了，用来叙述存在的语言也必须改变，to be 只能在 to do 中被解释，我们无法继续说"事物是什么"，只能说"事情做成什么"。存在论转换导致了两个基本变化：

其一，在"事的世界"里，知识论的主体（cogito）退场了，而出场的是作者，即创世论的主体。当然，退场并非不存在，知识论的主体仍然在"物的世界"那里，继续冷眼研究那个"物的世界"。"事的世界"的未来性是导致存在论事变的关键，由不确定可能性构成的未来逃离了必然性的控制，试图用理性描述一切现象的主体遇到了知识的局限，它对未来无以断言，世界由"总是如此"的状态（to be）切换到"将被建构"的状态（to be made），存在论问题也就由 to be 变成 to do，从知识主体的眼里移交到作者手里。作者必须使用想象力对付那个存在于不断创作中的"事的世界"、那个具有历史性和未来性的世界。但是，作者没有忘记"物的世界"，相反，作者永远尊重作为自然造化的"物的世界"，因为万物（things）是万事（facts）的存在前提。然而"物的世界"对于生活的作者来说，却不再是存在论的问题，而是给定的存在论条件，是需要致敬的超越存在（the transcendent）。致敬是一种存在论态度，是对一切超越存在的应有态度。这是孔子"畏天命"

的敬畏态度，也是维特根斯坦对不可说的超越存在的"敬意"。

其二，在"事"的存在论问题上，康德式的伦理主体也退场了。康德式的主体是一个以理性之名代表了一切人的个人，不仅为世界立法，也为生活立法。这是现代性的极致想象。可是，无论宣告了什么样的绝对律令，都不可能命令世界发生变化。正如宾默尔（K. Binmore）指出的：康德过于天真，以至于逻辑错误地把"我"当成了"人人"；可问题是，"我"既不是"人人"，也推论不出"人人"。康德的伦理主体是个光辉榜样，可是每个人还是被抛于世界之中。海德格尔清楚地看到了被抛的状态，而把哲学带回到被长期遗忘了的真实存在。意向性只能说明意向性的虚拟世界，却无法说明身在其中的那个真实世界，就像照片不能代替真实，无论什么样的意向性都无法拯救沉沦在世界中的身体。海德格尔意识到了"身"的基本在世状态、一种堪忧状态，因此发现了"我心忧之"（curo）的问题。但是，"事的世界"还进一步提出了更基本的存在论问题——这便是我试图说明的问题，即"作者"的创作问题（facio-creo）。康德式的主体是个普遍之思（mind），无数人即一人，这个主体只能解释如何看世界的理由，却无法解释如何生活的事由。因为决定"事的世界"的事主是无法还原为单数的复数，是各异之心（hearts），于是万事必定遭遇他人之心（是 the other hearts，不是 the other mind）；而因为所为之事（factum）必定事关他人，也就是说，做事（to do）的问题语法一旦展开，必定形成对人做事（to do to the others）的问题。假如把康德式的普遍主体用于生活，这个主体就变成了独裁者。在此，康德把知识论的理性主体转化为伦理学的意志主体的努力是不成功的。人不可能为生活立法，而我更愿意说，生活为人立法。生活的主体是关系，由此可以体会到孔子的深意：人的本质不是单个的人，而是复数的人。生活的最简化格局是二人，所以"仁"是每个人皆得以安然存在的存在论状态。这里需要略加补充，孔子忽略了生活的另一个最简化格局：三人。二人格局和三人格局都是不可还原而并列的基本存在论格局，二人格局不包含权力，因此是道德生活的基础；三人格局蕴含着权力和权利问题，因此是政治生活的基础。

主持人：当您提出"我行故我在"、"存在是创造"、"存在论是创世论"、"我创世故我在"（creo ergo sum）时，这些命题与费希特的基于"本原行动"（Tathandhung）的"自我同一"有什么区别？许多哲学家赋予"行"以优先位置，如王阳明、马克思、杜威等，那么，您的原创性体现于何处？

赵汀阳：哲学可以有许多来源，正如河流众多，虽然都是河流，但一路风景各异。我只在哲学史中读到过费希特和杜威，没有完整地研读过他们的专

著，大概只看过数段或数章，因此没有资格对他们
进行评论。至于马克思，虽然读过他的几本专著，
但也不是专家。我的启示来源在《第一哲学的支点》
中已经清楚显现，包括《易经》、孔子、老子等；要
致敬的来源还有维科、维特根斯坦、海德格尔、列
维纳斯等，同样需要致敬的对话式影响就更多了，
如笛卡儿、休谟、康德、胡塞尔等。您问到"原创
性"，这个词语的流行用法让我产生拒绝感。人是作
者不假，但少有"原创"。我所做的工作只是沿着前
人开拓的道路继续劳动而已。我不太经常复述前人
思想，却是借助前人留下的精神食粮去继续劳作，
并以此向前人致敬。

如果允许我妄评几句费希特和马克思，那么我
的认识在于：从哲学史的阅读中，费希特那种饱含
意志力的精神以及德意志的使命感令人肃然起敬，
但包括费希特在内的德国古典哲学的绝对主体性试
图使精神凌驾于世界、历史和生活之上，此种神学

气质的想象距离我所要讨论的问题非常遥远, 而且我认为那是一种过于自负而且不真实的主体性。人只是天地之间的生活作者, 人生活在天地之间的可能性之内, 人之所为必须向天地致敬, 所以我认为, 人不是万物的尺度, 而万物是人的尺度。那种以自身为准的绝对主体是一种现代性的神学, 它解释了精神自身, 而无法解释世界、历史和生活。坦率地说, 存在论并不需要绝对精神这样的假设, 更何况这个假设只能对自身进行自相关的解说而不可能得到证明。

至于马克思, 他所开创的社会批判意义重大, 至今仍然是欧美各国激进思想家的共同底本。马克思所重视的"实践"与儒家重视的"行"有某些略同之处, 但不同之处更多。儒家看重之"行"或与康德的"实践"概念有着更多共同关注, 突出的都是道德行为。马克思的"实践"突出的是物质生产活动以及阶级斗争, 基本上局限于经济行为以及由经济行为所决定的政治行为，不足以全面说明生活和历史，甚至也不能完全解释政治行为。人类的政治行为并不完全是为了利益分配和生产关系，权力与权利的问题有着更复杂的动机和意义。其实，即使是马克思最重视的经济行为，他的实践概念也不足以成为充分的基础，现代经济学所研究的许多问题都在马克思的概念之外。可以说，马克思的实践概念所能够实实在在解释的生活范围是有限的。有些教科书把马克思的实践概念说成是无所不包的，这是过度诠释，不是实事求是的解读。

我所使用的"行"是一个字典式的概念，或者说是一个人类学的概念，即一个全面的做事概念（making facts），并不偏重于诠释行为的某些类型，而是强调人类行为的创作性质，即古代汉语"作"的概念。创作性绝非艺术的特性，其实，艺术最突出的特点并不是创作性，而在于感受形式的强度、深度和容量，艺术把感受形式强化到能够把深不可见的事情变成直接可见的。然而，具有更高创作难度的人类创作是制度、规则、思想、技术、工艺等生活形式的发明，比如农业、居所、车轮、水车、铁路、电力、衣服、医药、货币、互联网等的发明，还有家庭、爱情、友谊和社会的发明，以至国家、法律、政治的发明。这些事物的发明定义了人类生活。相比之下，艺术、小说、诗歌、学术等作品，因为比较纯粹而更容易被注目；而车轮、雨伞、剪子、镜子之类的物品，只不过是被人们"日用而不知"而已。

主持人： 所谓初始状态是否共在？因为您说"共在先于存在"，而"共在"的初始状态又是"前道德"或"前政治"的。您的"共在"与亚里士多德的"政治"、马克思的"社会"应该不是一个思路，但与霍布斯、洛克、卢梭的"自然状态"及罗尔斯的"原初状态"有"家族类似"，那么，能否或者如何证明您的思路更胜一筹?

赵汀阳：人类的真实初始状态不得而知，关于初始状态的讨论都是某种想象的实验状态，但有一个共同要求，那就是：所设想的初始状态必须包含足够的社会基因，以至于在逻辑上能够演化出真实的社会。各种想象各有所长，我的想象大概是一个综合版本，基本原则是《易经》的"生生"和"富有"（使存在丰富地去存在）观念，而底本是荀子和霍布斯的初始状态，再加上艾克斯罗德的演化博弈论，大概获得了一个条件比较合理的初始状态。具体设想在这里就不多说了，《第一哲学的支点》中已有详细分析。

不过，初始状态的设计原则更值得一说：其一，一个有足够解释力的初始状态必须包含社会有可能出现的最坏可能性，否则不足以覆盖所有可能出现的社会问题。这个因素来自霍布斯的"人人对人人的战争"假设。按照这个原则，罗尔斯的"无知之

幕"之类的附加条件就不成立，因为它遮蔽了许多
可能出现的残酷博弈。这也能够说明为什么罗尔斯
的初始状态是脆弱的，它无法对付"无知之幕"消
失之后的背信弃义或者激烈博弈。其二，一个蕴含足
够可能性的初始状态也不能堵死通向最好可能性之
路，否则就不可能出现向善的演化。由"真实生活
中存在着向善行为"去反推，可以肯定初始状态必
定包含和平共在的基因。这个因素来自荀子的贡献，
荀子论证了生活始于合群共在，后来由于利益分配
不公才导致冲突。正因为初始状态包含着共在关系，
这个基因才一直保留在人类生活中。格雷伯在《债：
第一个 5000 年》中以历史人类学的证据说明：最接
近真实的初始状态是一个分享型的共产主义状态，
人们分享所需物品而不欠债，只欠情。但这种共产
主义是以"无债务状态"来定义的社会，本质上不
同于公有制度，而近乎《礼记》所想象的大同社会。
分享不等于公有，分享是"我愿意与您分享"，而公

有是"我不愿意时也被公有"。

我为以上设想的"包含了最坏可能性和最好可能性因素"的初始状态给出了一个存在论的论证，基本思路是：共在意味着生存可能性的最大化，冲突意味着生存可能性的最小化。在极端的意义上说，这是生死选择。那么，根据风险规避的理性原则，一个能够长期存在的社会必定以"共在"作为第一原则，所以说，共在先于存在。

主持人：您主张"存在的高贵化"的时候，您是否认为自己的哲学属于贵族的哲学，或者您在倡导一种精神贵族的生活方式？您曾说，在知识分子和农民之间，您倾向于农民。这与您的哲学有无精神气质上的关联？

赵汀阳：高贵与贵族毫无关系。贵族是个历史概念，是历史上曾经存在的一种社会制度以及生活方式。在这里，高贵是个哲学概念，与阶级无关，只与"人与自己的关系"相关。高贵是人赋予自己的一种精神状态，或者一种自足的存在状态，略接近于自尊的概念，但又与人的尊严的概念稍有细微不同。这是一个值得分析的事情。如果一个人没有自尊，就不可能有人的尊严，也就是说，人的尊严不是靠别人给的，而是由自尊建构的。有了自尊就近乎高贵了。

自尊主要与两件事情有关：一是孟子所谓的"浩然之气"。浩然之气可以有多种解读，在我看来，其基本的含义就是不把自己当成可以交易的物品。二是康德所说的"自律"（autonomy），就是能够以普遍理性为自己立法的自觉性。我看这就足够高贵了。至于农民的概念，我确实怀有敬意。万事农为本，如果没有农民，人们又如何能够生存？农民对于人类生活，犹如存在论之于哲学，焉敢不敬乎？

主持人：一直有人认为您属于"新左派"，几乎无人将您划入自由主义行列。现在则感觉您转向保守主义，您自己怎样给自己定位？

赵汀阳："主义"是某种立场或教义的自我肯定方式，是一种拒绝质疑的自我肯定，在精神气质上接近于宗教的教派态度，而这种教派态度在我看来对思想没有什么帮助。哲学与宗教的分野在早期基督教那里就已经被澄清了。按照希腊哲学的理性标准，基督教的教义就很难自圆其说，因此，基督教为了避免希腊哲学的怀疑论，就必须与理性思想分道扬镳，哲学说哲学的，宗教说宗教的。德尔图良干脆利落地指出：雅典与耶路撒冷有什么关系？柏拉图学园与教会有什么关系？既然我们已经有了信仰，就不再需要别的观念了！我想，事情已经足够清楚了，让思想的归思想，让主义的归主义。另外，我也不敢肯定自己能准确了解这些流行标签的意思，这些"主义"是从西方进口的，但与西方原本的用法似乎有比较大的出入。

我一直试图做到"无立场"地思考，尽管未必总能做到，但应该在多数时候做到了。关于"无立场"的概念，已经解说过太多次了。"无立场"仅仅是指思想时无立场，而生活当然是有立场的。关键在于，"无立场"的思想方式拒绝把生活的立场带入思想中去充当裁判。生活的归生活，思想的归思想。另外，"无立场"也不是反对任何立场；相反，"无立场"意味着不反对任何一种立场在特定语境和条件下的合理性，但不承认任何立场具有超语境、无条件的普遍有效性，也就是说，"无立场"就是反对任何观点拥有特权。如果从哲学的角度去说，"无立场"就是以存在论的态度代替价值论的态度，只以存在的角度去分析问题，不从价值的角度去判断事物，也就是在存在论的层面上去理解价值的事实。

我倾向于认为，"无立场"的原始版本是老子的"天地不仁"原则。借得天地之"不仁"视野，方得知"仁"之所以为"仁"。与曾经的误读不同，应该说老子并不反对仁义，而是反对仁义的话语，他只是分析了在失去仁义之"实"之后，仁义之"名"是如何兴起的。老子的意图是，以天地之"道"去理解人道。如果以个人为准去理解"人"的概念，或者以某种群体为准去定义"人"，这种"人"并非普遍视角，无非"私"矣，何以知人？

主持人：您的"无立场"非常著名，但也受人质疑。譬如，我们读了您和格瓦拉战友德布雷之间"关于革命问题的通信"（《两面之词》），很感兴趣。你们二人分别来自西方和东方的两大革命"圣地"（法国大革命和中国大革命），相差21岁，一个是革命的当事人，一个是革命的旁观者，这样一次对话自然引人入胜。但是，你们难道不是"有立场"吗？我们甚至认为你们的"两面之词"归根结底只是"一面之词"，就是沿着李泽厚"告别革命"的思路走下来了，即在"后革命"的时代消解革命的意义。我们感觉您转向保守主义，这也是一个例证：表现之一是政治保守主义（维护秩序），表现之二是文化保守主义（维护传统）。如果此两点所言不虚，那么应该如何在存在论的态度与价值论的态度之间划界？生活有立场，思想无立场，是说我们在思想时应当力求"价值中立"吗？这又如何与存在论的态度挂钩呢？简言之，何以思想采取存在论的态度，生活采取价值论的态度？譬如"革命"，虽然它是进行意识形态动员的结果，但也是民众生存危机的反映。"革命"虽然没有达到它的全部目标，并且付出了相当高的代价，但最终还是取得了一定的成就。就此而言，倘若我们认为"改良比革命好"（按照您的"共在"预设，我们相信您也会采取这一"立场"，因为"改良"仿佛"无人被排挤"，而"革命"则势必"排挤人"），是否有一点"事后诸葛亮"呢？另外，改良即使在理论上最优，但当在实际中为统治阶级（上层）所拒绝时，被统治阶级

（中层和下层）进行革命，不也是一种次优的选择吗？

赵汀阳：《两面之词》完全不同于《第一哲学的支点》，相当于以文本呈现的纪录片，没有事先设计，只有入手题目是事先约定的，具体的谈论随着话题的变化而变化。《两面之词》包含学术讨论，但超出学术讨论，是关于精神和生活的对话，显然部分地涉及和表达了生活观点。

德布雷早年是"激进左派"，与格瓦拉一道干革命。革命的失败使他认识到：是技术革命而不是政治革命才能更深刻地改变社会生活，革命终究难以撼动传统，激情过后，传统总是回归，而技术决定的新生活才是真正的改变。这种转变大概相当于从马克思转向了布罗代尔。但我不觉得德布雷变得保守，只是放弃了革命浪漫主义。保守意味着"守成"，列奥·施特劳斯的这个定义清楚明了。既然我把问题焦点落在"存在的未来性和创作性"之上，就注定不可能是保守的了。如果一定要给个说法，那就是一种"动态中庸"的态度。

但"中庸"的概念需要明确：中庸不是事情的中间点，不是取中之法，而是适度。适度未必是中间点，在给定区间之内的任何一点都有可能是适度的。假定在 1 到 10 的区间内，1 和 10 都是极端，是临界点，而 2 到 9 都有可能是适度的选择，这取决于需要解决的问题和条件。因此，我把"中庸点"理解为一个因事情变化而变化的动态适度点，或者说，中庸是形势的函数。从兵法、中医到围棋，都能典型地说明中庸是个动态点。比如说，从"不战而胜"到"十倍于敌而围歼"的多种策略，都是孙子的动态点，如此等等。中庸的关键还不在于事情需要适度（这是众所周知的），而在于找到那个适度点的方法。有趣的是，中庸虽是儒家理念，但寻找中庸点的方法论却是道家和兵家的贡献，其中包括老子的"水的方法论"和孙子的"知己知彼"（应该是最早博弈论的"共同知识"概念）。您觉得这是保守吗？至于说"无立场"接近一种存在论态度，理由是：一种存在是否处于合适的存在状态中，要由存在自己去说明，而不是由某种价值观去规定，或者说，不以伦理学或信仰去判断存在。

您提到秩序和传统。我也愿意从存在论的角度去理解。一个文化存在的秩序远远不仅是井井有条、遵纪守法的社会状态，而是具有精神性的生命活力结构，是心灵保持着统一性的秩序，是行为的创作性方法论；而那种始终存活的精神秩序同时就是传统。这意味着，秩序和传统都存在于不断的建构和创作中。简单地说，活的存在才是存在，精神自觉的秩序才是秩序。这与沃格林所理解的"存在秩序"意思大致相近。传统并不存在于遗物中，而存在于遗产中。遗物就是仅仅存在于博物馆、图书馆、景点那里而被偶尔怀念的对象，而遗产则始终在场，仍然是当下生活的精神依据或思想方法论。例如一直在使用中的语言、观念和方法，无论它们多么古老，却始终具有当代性，或者按照本雅明的说法，是能够代代相传的"可分享经验"。维护传统未必是保守的，关键要看是复制还是演化。只有让传统活在不断的建构和创作中，才能够激活传统，否则就只是纪念性摆设或表演。让传统活在创作中，意味着古老观念总是以当代方式去生长，总会形成与原版不同的面貌而保留着某些基因。我以当代方式去重新理解的"天下体系"，就与周朝的"天下"有比较大的差异。卡拉汉教授认为我借"天下"概念而想象了一种其实从未存在的世界制度；干春松教授则认为这其实是一种托古改制，我很愿意承认这一点，当然是改制，绝非复制。而且我也相信，正是基因变异才让传统能够活在当代的问题里。

主持人：至此，您的整体思想脉络基本清晰地呈现了出来。但是我们对您相关存在论分析的功能仍然心存疑虑，我们担心您想从存在论上得到政治哲学问题和伦理学问题的答案，这个路线可能有问题。当然，这是思想建构中的"技术"问题，不过我们觉得这个"技术"问题也挺关键的。

譬如您所谈及的"自我挫败与存在论上的回报"问题。把"X 做 a 而导致别人做 b，而 b 对 X 的存在不利"，看成是 X 的"自我挫败"，似乎假定了一个相当理想的状态，即：在该状态下，一个人无论做什么，如果他做的是对（不是不对）的，一定不会跟别人产生利益冲突。因为，"自我挫败"是一个人行为的必要条件，这意味着，除非一个人的行为 a 不是"自我挫败"的，否则他不应该做这件事。但这个判定要想有效，前提是一个人的行为总能，至少总是可能满足"不是自我挫败的"这个条件。

让我们假设利益冲突是导致另一个人对 X 所做的 a 产生一个对 X 的存在不利的反应（reaction）的原因，那么此时有两种情况：

第一种情况，X 在做 a 之前预估到他要做的这个 a，跟 Y 的利益是冲突的，那么他就不去做 a。可以把这个原则叫作"别惹别人"。问题是，如果在存在论层面上谈这个原则，这个原则相当于"别惹任何人"。这看起来是一个相当强的伦理原则，似乎导致某种无法行动。

第二种情况，X 意识到他如果做 a 就会惹到某个 Y。他进一步分析发现，是因为他现在和 Y 实际上是因为在算计某种排他性的利益，所以才会有"惹到"。于是，他转而寻求某种共享利益，即把 Y 拉进来跟他一起做事。问题是，第一，即使 X 给出了某种他能与 Y 共同行为并因此产生了共享利益的事务，对于 Y 来说，即使这确实对于他来说是共享利益，但是，这是否他想做的事？这里的要点是，除非我们做事就是为了利益，否则即使都是共享利益，这里似乎仍然有关于做哪件事的选择。第二，即使 Y 觉得由 X 设计出来的这个事他也想做，那么，由 X 和 Y 形成的这个小团体，"他们俩"所选择做的这个新事，是否一定是对任何一个第三方"无害的"？这里，显然，X 和 Y 这个小团体会立刻遇到与之前 X 所遇到的类似的情况。于是，除非天下大同，否则 X 仍然无法行动。

这个"除非大同"的条件，也可以从另一个角度来得到。我们回到 X 自己的分析过程。如果 X 能够想到，世界上不仅只有 Y 一个人，而是，有 Y1、Y2、Y3 等这些人同时存在，那么，他所设想的一个"不惹到别人"的创世方案，就必须同时不惹到 Y1、Y2、Y3 等所有这些人。而除非 Y1、Y2、Y3 等这些人各自的利益诉求也全都转化为某种共享利益，否则似乎无法保证它们之间没有冲突。这样一来，似乎仍然要求某种大同状态。

于是，如果把"自我挫败"看成是某种必要条件并由此给出某种伦理原则，似乎反而会导致某种无法行动的情况。更具体地说，它会导致任何一个行动者得出这样的结论：除非天下大同，否则"我"不应该行动，因为无法保证它不是"自我挫败"的。而且，这里可能导致"自我挫败"的风险有两类：较弱的一类是，无法形成共享利益；更强的一类是，无法形成一个共同的事务。

反过来说，情况就变成是：对于任何一个行动者 X 来说，如果他接受（非）"自我挫败"这个原则，他一定会得到这样的结论："除非世界上的所有人都有一个共享利益，并且都共处一个事务之中，否则我不应该行动（因为有自我挫败风险）。"——这能被理解为某种"新共产主义"吗？

赵汀阳：您的分析十分有趣，有几个问题需要讨论。

首先，有条件地由存在论推出价值论，严格地说，并非以存在推出伦理。在《论可能生活》中，我特别区分了伦理与道德，这个区分仍然有必要。伦理是游戏规则，有可能是善的，也可能是不善的，约定的规则而已。但是，道德有所不同，道德是善，不是主观认为的善，而是存在之善，是存在之道之所得。道者，可行也；德者，得也，本意如此。也就是说，有某种存在之道，能够使存在得以善在。这是存在论，不是伦理学。这要提到《第一哲学的支点》里的一个存在论分析：存在本身的意图就是继续存在，永远存在（to be is to be for good），而要达成此意图，存在就必须善在（to be good so as to be for good）。既然存在即行为（to be is to do），行为总要涉及他人，就像列维纳斯说的：在存在论意义上说，"我"在那里就碍着别人的事情了。那么，只有共同善在，自己才得以善在。因此，存在之道是通过共在而实现的。这是存在之道在自身中显现的善在可能性。但是，存在之道仅仅显示自身，有待个人的自由选择，而不是规范，因此，存在之道并不蕴含伦理，而是蕴含道德。休谟使用 ought to be，严格地说，这在理论上不够准确，但其问题意图是明白的。采用休谟的说法，只是沿袭传统而已。这个问题的更准确表达应该是：to be 推出 to be good 是否可能？这才是我们要分析的问题。至于 ought to be 所表达的伦理，根本无须由 to be 推出，也不需要存在论的理由，只是约定俗成，众人之意就是理由。但是，道德就需要天地作证了，也就是需要存在论理由。

其次，自我挫败，或者说自食其果，就是违背存在之道的行为结果。正如前面说的，无人能够以存在之道去强迫他人的自由意志，仅仅摆明存在之道以供选择，就像不可能强迫别人接受真理一样，也不可能强迫他人接受善在之道。假如有人故意选择错误，那也没有办法，只能由存在之道以自食其果的方式去报复他的选择。苏格拉底断言：无人自愿犯错。他的意思是，假如一个人真的知道了什么对他是好的，就绝不会愚蠢到去选择错误。这个看法只有在人人都是完美理性人的条件下才得以成立。

显然，事实不能保证如此。比如说，人人都知道战争最终绝无善果，但仍然有可能冒险一搏。按您的说法，假如战争就是某人"想做的事"，那么就只能听由存在之道去使之自食其果。总之，存在之道不可能统一人们的意见，只能显示于人。

再次，您有个担心是多余的，即人们由于不能预知共享利益之所在而导致不敢行动。人不能预知未来，也就不可能预知后果，行动皆为冒险，所以人是作者。不是人想要当生活的作者，而是人不得不成为生活的作者，这是被给予人并且人只能接受的命运。事实上，人类不存在不敢行动的问题，只有胆大妄为的问题。人类比神胆子还大：敢于违背理性和逻辑（这是神不敢的），敢于征服自然、违背自然、破坏自然（这是神不做的），敢于制造核武器和生物武器，敢于制造"比人聪明"的机器人，敢于用基因技术制造人，将来还不知道敢做什么更惊心动魄的事情。人类未来的最大问题恐怕不是政治问题，也不是伦理问题，而是存在问题，也就是"存在还是毁灭"（to be or not to be）的问题。存在先于共在，必定导致存在的灾难；共在先于存在，存在才成为可能。

最后，人的行动始终都具有试探性，在不断的互动中去发现什么是不幸的，同时也去发现什么是幸福的。一般来说，"认清什么是不幸的事情"更多地依靠理性的风险意识，而"发现什么是幸福的事情"则更多地需要创造性，也因此更充分地展现人之为生活的作者。共在的存在方式不是伦理规范，而是最大可能实现存在意图的存在方式，或者说是使幸福的可能生活变得"可遇"（accessible）的存在方式。事实上，如今人类生活所拥有的制度、规则、技术、法律、权利、道路、电力、供水、交通、通信、图书馆、博物馆、互联网等，都是通过共在方式发展出来的可分享或可共享的事物，而那些不可分享的或者不可共享的事情一部分留在了私人领域，一部分还在争论和博弈中。

主持人：您的文风近年有明显的转变，从"分析式的"转向更"法式的"，这其中您经历了怎样的思考，又得到了怎样的体会？是认为分析式的写作和这种新的写作应该"各管一块"，还是在两者之间作了选择？

赵汀阳：我是个笨拙的作者，不敢说有"文风"，只求能够把问题说清楚，就这点有时也做不到。无论是哪种文风，都有特别适合它的问题，只要写得生气勃勃，每种文风都有令人佩服之处。当然，也有个别种类文风的文章即使写得好，我也不太能够同情，例如传媒体或感伤体。要说有什么比较刻意的个人写作倾向，大概就是尽量不用生僻语词，而尽量使用简练或简单的词汇。维特根斯坦的写作只用基本词汇量，我觉得有其道理。基本词汇在人们更多的共同使用中获得了比较明确的意义，而相比之下，那些文饰词汇的用法就比较个人化，经常更为感性，易引起不确定的联想。当我试图说清楚事情，就会倾向于使用基本词汇量；而如果问题比较感性，难以一言以蔽之，就只好使用一些比较感性的语言。但我真不敢称之为"法式"，法国人一定不会同意的。

（原载《哲学动态》2015 年第 1 期）

第四章　一位哲学的劳动者

——访赵汀阳之二

1961 年，赵汀阳出生在广东汕头，从事哲学研究 30 多年来，提出了"天下体系理论""共在存在论""旋涡理论"等原创理论，引起国内外学术界广泛关注。他的作品被翻译成英文、法文、德文、西班牙文、意大利文、韩文等多种语言。2021 年 10 月 28 日，赵汀阳荣获"第六届全国杰出专业技术人才"奖，《中国社会科学报》专访了赵汀阳，借此深入了解其哲学思想之路。

做有技术的劳动者

《中国社会科学报》：赵老师，您是 1961 年生人，今年刚好 60 岁。从事哲学研究 30 多年来，您始终坚守学术情怀，对学术孜孜以求，取得了丰硕的研究成果。请您简单回顾一下您的研究心路历程。

赵汀阳：我没有什么心路历程值得说，也对"心路"没什么兴趣。很抱歉，实话说，我觉得"心路"这个词语有些恐怖，刚一想就被吓退了。以前有个采访，也是要讲点个人故事，真的没什么个人化故事，如果有，或许与同时代的人差不多。我只好回答：我是个机器人。机器人可以干活，我干了一些活，想的就是如何把活儿干好。机器人是个玩笑，认真说，我是个劳动者，想做一个有技术的劳动者。

劳动者的经验很吸引人，你知道吗，是农民第一次创造了"未来"的概念。那是七八千年前，也许更早些，文明的早期，新石器时期，是第一批开始农耕的人。种植这件事本身意味着以劳动去预定未来，农民知道秋天的收获是可期的（排除天灾的话），在此，人类通过种植的行为第一次定义了作为人的时间的"未来"。没有可预期的事情就没有未来的概念。在农业之前，自然时间无所谓未来，只是来回往复的循环过程。甲骨文的"来"字，通常认为其原型就是麦子。麦子就是人预期未来的隐喻。我做哲学，与种麦子的感觉差不多，所以我的经验和农民的经验差不多。

《中国社会科学报》：在您的研究过程中，哪些理论给了您启迪？让您能够源源不绝地提出具有中国特色哲学理论的因素有哪些？

赵汀阳：太多的书都对我有启发，多到无法罗列。能够流传下来的书绝大多数都有了不起的思想在里面，都隐含着深刻的问题。我愿意说，"几乎所有名著"都是重要资源——之所以说"几乎"而没有说"全部"，是因为尚未读过的书数不胜数。另外一个经验是，仅限于哲学著作来看，总体上说，"二战"前的西方著作比"二战"后的要高明，或许因为"二战"后的冷战思维和"政治正确"导致思想的藩篱太多。不过在其他领域，比如史学、人类学和博弈论等，却是"二战"后的更有创见。虽然得以流传的书基本上都是好书，但需要理解的远不止是理论，更重要的是如何理解作者时代的问题处境和思想动力，如何理解作者的解题路径，如何开发其中那些隐藏着的而又能牵动当代问题的能量。这一点对于分析和开发先秦思想尤其重要，因为先秦思想的文本都非常简练，因而问题隐藏得更深。这显然需要方法论。方法多多，我常用的方法论主要来自《周易》《道德经》、维特根斯坦、哥德尔、分析哲学、博弈论还有数学直觉主义等的组合。当然一定还有更好的方法论，只是我还没有学会。我对当代法国哲学、人类学和历史学的方法就很有兴趣，它们可以说是一种"多方链接"的方法。但这种方法我还没学好。

《中国社会科学报》：您对自己哪个阶段的研究成果最为满意？请您分享一下"天下体系理论""共在存在论"和"旋涡理论"等这些原创性理论背后的思考故事。

赵汀阳：与自然科学不同，人文社会科学没有客观标准，也不存在唯一真理，所以每种理论都永远有余地，我这些理论也没有能够达到满意的，都有改进余地。在这些理论之间好像也难以比较，因为针对的问题和领域都不同，缺乏通约标准。你提到的这几个理论，天下体系与亨廷顿问题有关，与全球化状态有关，更与当代新技术发展有关。在亨廷顿之前，我一直以为康德的"永久和平论"是足够好的，可是康德的"永久和平论"却解决不了亨廷顿问题，因此我建构了一个应对亨廷顿问题的天下体系。天下概念来自先秦，但"天下体系"理论针对的是未来世界的问题，不是回答古代问题。共在存在论则几乎是从纯粹分析和推理获得的，存在论和逻辑差不多都不需要历史语境，不过应该有先秦思想的潜意识，因此更容易发现"共在先于存在"的原则。旋涡论就非常语境化了，是从中国历史、考古学和哲学中化出来的。其中，在考古学方面，主要是利用了我们中国社会科学院考古研究所许多学者的成果；方法论方面，则主要是博弈论和布罗代尔式的中时段和长时段分析。

种出携带能量的观念或理论

《中国社会科学报》：您如何看待此次获得"第六届全国杰出专业技术人才"这一表彰？

赵汀阳：除了专业技术，我好像也不会别的，所以觉得很贴切。做技术活儿有实在感，觉得能接触到问题本身。我做的是哲学工作，用的工具是语言、逻辑和文本。语言和文本都包含着以往思想者对历史的感受，对问题的经验，还有重叠的语境，就像维特根斯坦所说的，语言表达整个生活。因此，使用语言来工作就置身于整个生活的问题之中。复杂性、语境化、历史性是人文学科不得不身处其中的处境，所以，语言和逻辑的"纯粹"技术也必须应对复杂语境，或者说，处理复杂语境本身就是一项技术工作。语言本身的秘密就很多，我看过沈家煊先生的《名词和动词》，很有收获，发现自己其实对母语也没有透彻理解。

感觉上我的工作经验比较接近农民的经验，好好种菜，种出有营养含量的菜，这种经验转换到思想田野，就是种出携带能量的观念或理论。思想田野广阔深厚又复杂，问题无数。我和大家一样，都在其中，各自遭遇面前的问题。

《中国社会科学报》：2019 年您被法国《新文学杂志》评为"影响世界 35 个思想家"之一，您如何看待国际学界给您的这一评价？

赵汀阳：我不了解这个评价是什么标准。但这个评价说明评价人读过我的书，很感谢。

《中国社会科学报》：除了做研究，您平时有哪些爱好？

赵汀阳：做研究就是最大的爱好。偶尔画漫画。

《中国社会科学报》：未来您的研究重点和规划有哪些？

赵汀阳：30年来我一直做形而上学，近年来还有历史哲学，都要接着做的。我跟着问题走，遇到的问题到哪里，我去哪里。

形而上学是永恒问题，就像西西弗斯那块石头，总也不能推到山顶。近年来在研究"本源"问题，主要在寻找一种有效率的溯源方法论，我称之为"溯源递归"，其中包括"溯因推理"的迭代运作，希望能够由此发现哪些问题是哲学的本源问题。一个具体发现是，否定词（不）的发明是人类思想的最大存在论事件，否定词是第一个哲学词汇。接下来会以溯源递归的方法再做些具体研究。

历史哲学就像历史学一样复杂，虽然可用的资源不少，但问题是，人太复杂，要给出一种普遍的理解，太难了。历史就是我们所能知道的人类全部事情，不是研究人类生活某个方面的一个分支学科，而是相当于全部学科的联合体，属于复杂学科，所以当代史学越来越倾向于包含政治学、经济学、社会学、人类学、文化、文学、艺术、科学、技术等所有方面的问题，这是历史哲学难以处理的场面，传统的形而上学善于处理宏大问题，但在处理复杂性的问题上并无优势。人的行为不够稳定，历史事件更缺乏稳定性，对于不确定、不稳定的复杂对象，要找到有效分析的方法论真的很难。简单地说，如何才能有效地理解过去，还缺乏足够有效的方法论。另一个难点是，历史的意义不在于过去，而在于未来，就是说，如果历史的目的只不过是知道过去什

么样，那历史的意义就很有限，人类对历史的兴趣
很大程度上在于对未来的兴趣，未来才是意义所在，
未来预存了无穷的意义。可是，从关于过去的知识
无法必然推论未来，这是休谟命题之一。可是除了
历史，我们无所凭借去研究未来，那么，历史如何
研究未来？也是现在无法解答的问题。

（原载《中国社会科学报》2021 年 11 月 1 日第
001 版。）

附录

赵汀阳著作目录

赵汀阳2021年前主要作品（按出版日期）：

专著：

《美学和未来美学：批评与展望》，中国社会科学出版社，1990。

《走出哲学的危机》，中国社会科学出版社，1993。

《论可能生活》，生活·读书·新知三联书店，1994；中国人民大学出版社（第二版）2005。

《一个或所有问题》，江西教育出版社，1998。

《天下体系》，江苏教育出版社，2005；中国人民大学出版社，2011。

《坏世界研究》，中国人民大学出版社，2009。

《第一哲学的支点》，生活·读书·新知三联书店，2013。

《天下的当代性》，中信出版社，2016。

《惠此中国》，中信出版社，2016。

《四种分叉》，华东师大出版社，2019。

《历史·山水·渔樵》，生活·读书·新知三联书店，2019。

合著：

《两面之词》（与德布雷合著），中信出版社，2014。

《一神论的影子》（与乐比雄合著），中信出版社，2019。

论文集：

《二十二个方案》，辽宁大学出版社，1997。

《直观》，福建教育出版社，2000。

《赵汀阳自选集》，广西师范大学出版社，2001。

《没有世界观的世界》，中国人民大学出版社，2003。

《每个人的政治》，中国社会科学院文献出版社，2010。

《没有答案：多种可能世界》，江苏凤凰文艺出版社，2021。

外文著作：

Tianxia Tout Sous un Meme Ciel. Les editions du Cerf. Paris, 2018. 法国

Redefining a Philosophy for World Governance. Macmillan, London, 2018. 英国

Alles unter dem Himmel. Suhrkamp, Berlin，2020. 德国

All under Heaven: The Tianxia System for a Possible World Order. UC press. California, 2021. 美国

Tianxia: una filosofia para la gobernanza global，

Herder, 2021. 西班牙

Du Ciel ala Terre（与 Regis Debray 合著），Les Arenes. Paris, 2014. 法国

Un Dieu ou Tous les Dieux（与 Alain le Pichon 合著），Cent Mille Milliards. Paris, 2019. 法国